Wohin?
Warum?
Wie war's?

Rom

**Bernini, Bottomini,
Caravaggio
und viele Skandale**

**Ute Fischer
Bernhard Siegmund**

Ein Buch aus dem

Redaktionsbüro Fischer + Siegmund

In den Rödern 13
64354 Reinheim

Fotos: Fischer (34), Siegmund (14)

ISBN: 978-3-7448-5660-7

Wohin

Eigentlich ist es ärgerlich, wenn man seine Reisetermine nach Job und Verpflichtungen einrichtet. Im Rentenalter sollte das umgekehrt sein. Nun also Rom in einer, in deutschen Breiten vom Wetter her unwirtlichen Aprilwoche. Eigentlich wollten wir schon im letzten Dezember nach Rom, unseren Hochzeitstag begehen, be-speist feiern. Nachdem wir aber null Ahnung von Rom und seinen interessanten Winkeln hatten, es zu jener Zeit auch keine Gruppen-Stadtführungen gab (Einzelführungen ab 100 Euro aufwärts), ließen wir es bleiben und buchten stattdessen im Frankfurter Tigerpalast ein schnuckeliges Dinner mit anschließendem Varietee-Programm. Vorteil: Schlafen im eigenen Bett.

Rom geriet in Vergessenheit bis wir in der Wochenzeitung DIE ZEIT ein Angebot fanden: Eine Woche Rom in kleiner Gruppe, unter Leitung einer deutschen Reisejournalistin, die seit 30 Jahren in der „ewigen Stadt" lebt. Und weil es einen Reisetermin ausgerechnet Mitte April gab – da war meine Mitglieder-Jahresversammlung gelaufen, ich bin schließlich die

Vorsitzende und Versammlungsleitern – versuchte ich Bernhard, meinen Mann, für Rom zu gewinnen.

„Ich war noch niemals in Rom". Kaum zu glauben: Meine Ankündigungen im Bekanntenkreis stießen auf Neid und Entzücken. Ja, New York, San Francisco – da waren alle schon einmal. Aber Rom?! Niemand. Alle fanden unser Ziel toll. Da wären sie auch gerne mitgefahren. „Grüß mir den Papst", wurde ich mehrfach beauftragt. Weil ich nicht unbedingt als Pilger eingeschätzt werden wollte, betonte ich stets, „Evangele" zu sein.

Im Laufe der Vorbereitungszeit erlaubte ich mir häufig ein Ziel-Rätsel. „Ich fahre dahin, wo meine Petersilie jedes Jahr ist". Schulterzucken. Unter Hobbygärtner heißt es: „Petersilie geht erst nach Rom, bis sie kommt (keimt).

Die Fahrt zum Flughafen scheint anfangs Probleme zu bereiten. Unser Bus zum Airliner (Flughafen-Shuttle) geht Samstagmorgen nur alle zwei Stunden; entweder viel zu früh oder zu spät für die empfohlenen zwei Stunden vor Abflug. Ich versuche, ein Taxi zu bestellen. Nix. Selbst drei Tage vorher ist dieser Termin schon weg. Anscheinend gibt es für unseren Ort nur ein Taxi. Wir checken die Möglichkei-

4

ten, um mit einem Zug nach Darmstadt zu kommen. Da wären es nur noch sechs Kilometer bis zum Bahnhof Reinheim. Auch keine Chance, ein Taxi zu bekommen und am Bahnhof Reinheim sind Parkplätze rar.

Wir beschließen, mit dem Auto zum Bahnhof Darmstadt zu fahren und das Auto im Park & Ride-Parkhaus abzustellen. Was kostet eine Woche Parken? Noch die Parkpreise vom Flughafen Frankfurt im Gedächtnis, will ich dem Monitor nicht glauben: 26 Euro. Die ganze Woche. Allein eine Taxifahrt hätte wenigstens 40 Euro gekostet und die Heimreise noch einmal.

Tag 1 (Samstag)

Aufstehen um sechs Uhr. Abfahrt 6.45 Uhr. Draußen Schmuddelwetter. Keine zehn Grad. Wir wollen den Airliner um 7.48 Uhr erreichen. Reichlich gerechnet, weil Bernhard etwas von Straßensperrung an diesem Samstagmorgen gelesen haben will. Nichts. Wir sind schon kurz vor 7.00 Uhr da, parken und schlendern durch die Bahnhofshalle im guten Glauben, noch viel Zeit bis zum Bus zu haben. Am Ausgang, wo ein elektronischer Abfahrplan die nächsten Busse und Straßenbahnen avisiert, steht der Airliner in einer Minute abfahrbereit. Es ist der Vorgängerbus. Als wir das realisieren, stürmen wir durch die Tür. Kein Bus. Ein Taxifahrer fragt. „Wollen Sie zum Flughafen? Der Bus ist weg", feixt er, wohl in der Hoffnung, Geschäft mit uns zu machen. Dumm gelaufen. Auch für uns; denn auf dem Flughafen wäre es wärmer gewesen als in der Bahnhofshalle.

Wir sichern uns ein Plätzchen in einer Wartekoje, lesen in der mitgenommenen Tagezeitung. Und essen die mitgenommenen Schnittchen von unserem köstlichen selbstgebackenen Haselnussbrot. Der nächste (unser) Airliner nimmt uns auf. Er fährt eine Minute früher. Ist das System? Fuhr der Vorgänger auch eine Minute früher? Egal.

Terminal 1. Großbaustelle. Wir trotten den anderen Reisenden im Regen hinterher. Sie scheinen den Weg durch die Absperrungen zu kennen. Unser Flug LH A321 steht noch gar nicht auf dem Schedule. Wir sind aufforderungsgemäß zwei volle Stunden vor Abflug da. Sollen wir am Automaten einchecken oder am Counter? Letztes Mal in Lissabon schafften wir es nicht, zwei Nebeneinander-Sitze zu ergattern. Eine junge Dame vom LH-Bodenpersonal hilft uns. Gebont.

Gepäck aufgeben. Auch hier am Counter sitzt

niemand. Ein weiterer LH-Mitarbeiter erklärt uns, wie wir das Gepäck automatisch selbst einchecken können/müssen. Die Monitor-Navigation gibt alles vor. Boardingpass mit Strichcode auf den Scanner legen. Koffer aufs Band legen. Bildschirm berühren. Acht Kilogramm. 23 wären erlaubt gewesen. Aus einem Schlitz wächst nun der Pappstreifen mit allen Daten, den wir selbst am Trolleygriff zusammenpappen. Fertig. Zur Bestätigung spuckt der Automat auch noch eine Quittung aus. Ready for take off.

Handgepäckkontrolle. Da hat sich nicht viel geändert seit dem letzten Flug nach Boston: Bernhard muss seine Hosenträger ablegen, wir beide die Gürtel. Außerdem Handy rauslegen. Wasser austrinken. Ausnahmsweise muss ich die Schuhe nicht ausziehen, obwohl ich die immer gleichen Treter mit den Einlagen trage. Wie immer greife ich zu meinem Taillenknopf und biete an, meine Hose herunterzulassen. Mit diesem Trick wollen mich alle immer schnell loshaben und winken mich durch. Ehrlich: Ich bin jedes Mal hochmotiviert, die Show durchzuziehen. Aber mehr, als über den Knopf zu öffnen, ist es mir noch nie gelungen. Dabei bin ich figurmäßig noch immer ansehnlich.

Die Käse-Sandwiches mit geraspelten Möhren sind bei Lufthansa doch wesentlich besser als bei der TAP (Azoren-Reise). Das war so ziemlich das Mieseste, was uns jemals angeboten wurde und bleibt deshalb als Gradmesser in Erinnerung. Mit dem Landeanflug verspricht uns der Flugkapitän 24 bis 29 Grad Celsius. Es ist ein bisschen diesig. In der Ferne ein Gebirgszug. Ich weiß nicht, was das ist. Nachgucken. Die Albaner Berge, Ausläufer der Abruzzen oder die Sabiner Berge im Norden? Wir werden es nie erfahren.

Der Flughafen in Fiumicino (Aeroporto Leonardo da Vinci) liegt etwa 30 Kilometer von Rom entfernt. Von hier aus gibt es mit dem "Leonardo-Express" eine Non-Stop-Zugverbindung zum Hauptbahnhof, zur Stazione Termini. Damit erreicht der nichtorganisierte Reisende bequem und schnell die Stadt. Von Termini aus stehen einem dann sämtliche Wege des römischen Nahverkehrs offen. Für viele Reisende ist der Leonardo-Express sicherlich das Verkehrsmittel der Wahl: schnell und unkompliziert - auch wenn es einerseits billiger, andererseits bequemer geht.

Wir werden natürlich abgeholt. Die Reiseleiterin soll uns laut Plan am Ausgang links erwarten. Immerhin wissen wir schon, wie sie aussieht, unsere Eva. Aber erst warten wir sehr lange auf unser Gepäck. Zwei Damen meines Alters, die irgendwie nach ZEIT-Reisenden aussehen, warten ebenfalls am Gepäckband und wir kommen ins Gespräch. Tatsächlich. Aus unserer Gruppe. Wir sind 15 Personen: fünf Paare, fünf Einzelreisende – später kommt noch Lena von Zeitreisen hinzu. Ein separater Bus erwartet uns. Und damit beginnt unser Rom-Abenteuer.

Eva, studierte Kunsthistorikerin, die schon zig Jahre in Rom lebt, verspricht, uns nicht mit Jahreszahlen zu bombardieren, sondern uns Rom in Epochen nahe zu bringen. Eben eine richtige „Zeit-Reise". Unser Hotel liegt im Zentrum. Die letzten Tage seien sehr kühl und regnerisch gewesen. Heute der erste freundliche Tag. So muss es sein, grinsen wir uns an.

Vorab ein paar Zahlen zu Rom.

2,9 Millionen Menschen – knapp fünf Prozent aller Einwohner Italiens – leben im Stadtgebiet. Die Gesamtfläche entspricht mit 1.285 Quadrat-Kilometern der Fläche von Berlin, München und Regensburg zusammen. Rom liegt 21 Meter über dem Meeresspiegel und 26 Kilometer von der Küste entfernt. Der Tiber (Tevere), mit 404 km Italiens drittlängster Fluss, schlängelt sich mitten durch das Zentrum.

Die Gliederung in 22 Viertel (rioni) geht auf Kaiser Augustus zurück, der die Stadt ursprünglich nur in 14 Stadtviertel unterteilte. Die weiteren acht kamen erst 1921 dazu. Rein verwaltungstechnisch wurde das Ganze 2013 wiederum auf 15 Bezirke zusammengeschrumpft. Die Hauptstadt Italiens ist zugleich Sitz der Regierung.

Die klassischen sieben Hügel, auf denen Rom ursprünglich erbaut wurde, liegen alle östlich des Tibers und sind mit Höhen zwischen 47 und 65 Metern für uns Rom-Neulinge kaum auszumachen. Neben Aventin, Celio, Esquilin, Kapitol, Palatin, Quirinal und Viminal gibt es noch den Monte Paroli, 59 Meter, den Monte Antenne, 64 Meter, den Monte Testaccio, 49 Meter und mit 139 Metern den Monte Mario, der früher den aus Norden kommenden Pilgern den ersten Blick auf Rom bot. Ja, in Rom war schon immer viel los. Heute spricht man von über 33 Millionen Übernachtungen pro Jahr. Die meisten Besucher bleiben nur etwa drei Tage. Wir haben uns eine ganze Woche vorgenommen, immerhin mehr als doppelt so lange.

Der Bus fährt durch unauffällige Wohngebiete, die überall liegen könnten. Das Auffallendste an dieser Fahrt ist eine gewaltige Mauer, die

Aurelianische Stadtmauer, wie wir erfahren. Begonnen von Kaiser Aurelian (270 bis 275) und fertig gestellt von Kaiser Probus (276 bis 282) umschloss sie auf der Länge von 19 Kilometern die damalige Stadt und blieb bis in die Neuzeit die Stadtgrenze. Ursprünglich beinhaltete sie 18 große Tore und 383 Wachtürme. Ihre Mauern waren bis zu sechs Meter hoch und 3,5 Meter tief. Damit es beim Bau schneller voran ging, wurden an mehreren Stellen vorhandene Bauwerke einbezogen. Vielleicht sehen wir noch etwas?

Vor uns tauchen Säulen und Säulenfragmente auf. Eva: „Wir sind gleich da". Jubel aus dem Bus. „Das Hotel liegt direkt am Forum Romanum", im Stadtteil Monti. Es ist eines der ältesten Stadtviertel Roms in unmittelbarer Nähe des Kolosseums. Also mitten drin in Rom.

Das Monti

Eingezwängt zwischen die Hügel Quirinale, Esquilino, Viminale und Celio war die Gegend vor Jahrtausenden als „Suburra", als Ort der Bordelle und des Gesindels, berüchtigt. Auch heute noch ist das Viertel etwas Besonderes, weil wenig touristisch, ehemals eine Arme-Leute-Gegend, die ihren gemütlichen Rhythmus bewahrte. Kleine Lädchen. Kunsthandwerker. Glas. Metall. Holz. Seit einigen Jahren entdeckten gut verdienende Anwälte, Architekten und Ärzte das Viertel mit seinen zauberhaften Dachwohnungen und Dachterrassen. Damit stiegen die Mieten der Wohnungen und der Läden. Mag sein, dass sich früher oder später die kleinen Leute dieses Viertel nicht mehr leisten können. Das wäre auch der Tod der kleinen Handwerksbetriebe. Es ist jetzt schon

schick, im Monti zu wohnen. Das Herz: die Piazza della Madonna die Monti mit einem Renaissance-Brunnen von Giacomo della Porta. Wir werden hier noch einige Gläser Wein vor dem Schlafengehen trinken.

Auch unser Hotel liegt eingequetscht zwischen alten Wohnhäusern, fast unscheinbar, schmal, Residenza Maritti, in der Via Tor de Conti 17. Von außen nicht als Hotel auszumachen. Das Schild ist so klein, als wäre es eine Privatwohnung. Sechs Klingeln mit verschiedenen Namen. Innen ein Fahrstuhl im Stil des Art Deco mit zwei schmalen Flügeltüren, die immer sorgsam zugeklappt werden müssen, damit der Lift überhaupt startet. Mehr als zwei Personen passen nicht hinein oder eine Person mit Koffer. Wir überlassen den anderen den Lift und steigen die Treppen hoch.

Auf drei Etagen befinden sich jeweils mehrere Zimmer mit Bad sowie eine Wohnstube mit einem großen Esstisch, Stühlen und einer Kochgelegenheit. Das Ganze waren wohl mal Appartements, die nachträglich in Einzelzimmer umgebaut wurden. Wir wohnen im dritten

Stock hinter einer antiken Holztür. Wie im Flur im Parterre hat der Raum antike Bodenfliesen in Würfeloptik. Die Wände sind kräftig grün gestrichen. Über uns schwingen alte, florale Deckenfresken. Unter der Stuckleiste gemalte Medaillons. Die ausgeschaltete Klimaanlage dient im Winter auch als Heizung.

Zuerst der Blick aus dem Fenster. Er fällt durch einen Mauerdurchbruch des Forum Romanum direkt auf das mächtige weiße König Viktor Emanuel Denkmal. Es wird uns die Tage als zuverlässiger Wegweiser zum Hotel und zur richtigen Bushaltestelle Piazza Venezia dienen.

Ordentliche Betten mit festen Matratzen und flachen Kissen, ein moderner Schrank mit eingebautem Safe, zwei Nachtschränkchen mit Schubladen. Die Hauptbeleuchtung übernehmen zwei Wandlampen, die ihr Licht indirekt zur Decke werfen. Lesen geht also nur mit der Nachttischlampe im Bett oder auf der Bettkante.

Das Bad macht neugierig. Nur eine dünne Wand trennt unser Bad von dem der Nachbarn. Wir hören Sie Föhnen, Rasieren, Duschen, als stünden sie bei uns. Netterweise verschonen sie uns mit „anderen" Geräuschen. Das abfließende Wasser in Waschbecken, Dusche und WC scheint abgepumpt zu werden. Speziell beim Duschen hören wir das rhythmische Abpumpen im Zehn-Sekunden-Takt. Lauter und kraftvoller – vergleichbar mit einer Zugtoilette – ertönt das Geräusch bei der Toilettenspülung. Sie wird über einen Zwei-Eurogroßen Druckknopf bedient, egal ob Groß, ob Klein. Es klingt, als würde jeder Schluck Wasser separat abgesaugt. Das Licht einer im Flur aufgehängten Kastenlampe dringt bis ins Badezimmer und beleuchtet auch nachts noch unser Zimmer. Erst am zweiten Abend finden wir den Schalter dafür.

Bei offenem Fenster hört man jeden Roller und Fußgänger unten auf dem Kopfsteinpflaster und jede Autotür ins Schloss fallen. Selbstverständlich hatten wir nicht erwartet, so ruhig wie Zuhause zu wohnen. Wir sind eben in einer Großstadt, wir sind in Rom, wenn auch in der verkehrsberuhigten Altstadt. Im Vergleich zu den Geräuschen in New York fühlt man sich hier trotzdem wie auf dem Lande.

Die Dachterrasse

Pierfrancesco Maritti, der Inhaber des Hotels, lädt uns zu einem Willkommens-Trunk auf die Dachterrasse ein. Auf der Suche nach dem Eingang irren wir mit mehreren Mitreisenden durch die oberen Etagen. Ein freundlicher Bewohner zeigt uns eine schmale, verschlossene Tür, die wir für einen Wandschrank gehalten haben. Sogar eine versteckte Klingel findet sich. Wir klingeln. Es scheppert irgendwo. Doch es passiert nichts. Sind wir doch falsch? Wir machen uns auf den Rückweg. Die uns entgegen kommende Eva-Maria weiß es besser und schickt uns wieder nach oben. Noch einmal klingeln. Und wirklich, dann knackt das Schloss und wir klimmen auf schmaler, steiler Treppe hoch ins Licht. In Deutschland gäbe es dafür keine Betriebsgenehmigung.

Die Terrasse auf voller Fläche des Hauses wirkt wie ein Garten auf einem Berg. Etwa zehn Tische mit Stühlen, eine kleine Bar mit Anrichte, ein kleiner Raum für Geschirr und Getränke und vor allem viele Pflanzen, denen man die regelmäßige Pflege ansieht. Unter einem großen Tuch warten offensichtlich ein Imbiss und Getränke auf uns. Wie dies alles nach hier oben transportiert wurde und wird, bleibt uns ein Rätsel.

Nach und nach treffen die anderen Teilnehmer ein und wir knüpfen erste Kontakte. Sogar aus dem benachbarten Darmstadt kommt ein Ehepaar. Fünf Paare, vier Einzelreisende und Lena von Zeit-Reisen werden ab heute versuchen, Rom zu erobern. Zunächst aber lassen wir uns von Pierfrancescos Mitarbeitern mit Getränken und kleinen Leckerbissen verwöhnen. Nach einer knappen Stunde mahnt unsere Reiseleiterin Eva zum Aufbruch.

Zum Palast des Staatspräsidenten

Zu Fuß machen wir uns auf zur Piazza Quirinale. Rückblick ins 16. Jahrhundert: Weil die Luft auf den Hügeln gesünder war als im versumpften Tibertal, bauten sich reiche Römer Villen auf dem Quirinal. Unter Papst Gregor XIII. begann man 1574 mit dem Bau einer gewaltigen Sommerresidenz, die bequemer und moderner sein sollte als der Vatikan oder der Lateran, bis dahin offizieller Sitz der Päpste im Stadtteil Monti. Im Auftrag nachfolgender Päpste bauten Bernini und Baromini, von denen wir noch viel hören werden, zusätzliche Päläste und Kirchen dazu. Vollendet wurde die Residenz erst 1740.

Im eigentlichen Palazzo del Quirinale residierten nach 1870, dem Ende des Kirchenstaates, mehrere italienische Könige. 1929 wurden hier die Lateranverträge verhandelt, mit denen Mussolini dem Vatikan den Status eines eigenen Staates sicherte. Seit 1946 residiert hier der Präsident. Schon von weitem an den umfangreichen Absperrungen, reichlich Carabinieri und ein paar schwarzen Limousinen erkennbar.

Hier stehen wir auch vor dem ersten von sechzehn Obelisken, die uns noch begegnen werden. Alle aus Ägypten entwendet und hierher transportiert. Besonders die Renaissancepäpste schätzten die Obelisken und pflanzten noch Kreuze drauf. Aufmerksamkeit verdient der Brunnen mit den Statuen von Castor und Pollux, den sogenannten Dioskuren, Zwillingssöhne des Zeus aus der griechischen Mythologie. Ihre Skulpturen stammen aus den nahen Konstantinsthermen. Der Obelisk selbst stand früher im Augustusmausoleum und die Brunnenschale aus Granit im Forum Romanum. Im 18. Jahrhundert wurde einiges umgestaltet, um diesen beeindruckenden Platz zu schaffen.

Fontana di Trevi

Passt bloß auf eure Wertsachen auf, bleute uns Eva ein. Man merkt ihr an, dass sie nicht gerne zum Trevi-Brunnen geht. Zu profan mit den vielen, vielen Urlaubern, die sich alle mal fotografieren lassen wollen, wo Anita Ekberg 1960 mit Marcello Mastroianni nachts im Brunnen planschte. Ich bin enttäuscht. Wie eng es hier um den Brunnen zugeht. Nicht nur die vielen Leute, sondern in meiner Erinnerung an den Film sah das alles viel weitläufiger aus. Obwohl es schon gegen Abend ist, drängen sich ein paar hundert Touristen mit ihren Handy-Sticks um das Wasserbecken. Wir halten uns außerhalb, um dem bedrohlich nach Taschendieben aussehendem Pulk nicht zu nahe zu kommen.

Hier ein paar Daten zum Trevi-Brunnen. Er ist mit einer Höhe von 26 Metern und 50 Metern Breite der größte Brunnen Roms und natürlich der bekannteste der Welt. Er entstand 1732 bis 1762 im Spätbarock mit Übergang zum Klassizismus.

Brunnen in Rom waren ursprünglich nicht als Wasserspiele gedacht, sondern sie bildeten die Auslässe von Aquädukten, Wasserleitungen aus den Bergen. Durch einen Bauschaden wurde 2007 die Wasserleitung Acqua Vergine unterbrochen. Seit dem speist eine Umwälzpumpe den Brunnen mit Trinkwasser, das alle zwei Wochen erneuert wird. Erst durch diesen geschlossenen Kreislauf konnte ein Anschlag mit roter Farbe im Oktober 2007 seine Wirkung erzielen. Die alte Technik hätte die Farbe in wenigen Minuten weggespült.

20

Die Siegessäule (Seite 20), auch Trajans-Säule genannt, beeindruckt uns nicht nur wegen ihrer Höhe von über 35 Metern. Ein 200 Meter langes Reliefband windet sich um die Säule. Es stellt Szenen erfolgreicher Schlachten aus dem ersten Jahrhundert mit insgesamt 2500 menschlichen Figuren in einer Größe von 60 bis 75 Zentimetern dar. Unglaublich: Sie steht bereits seit dem zweiten Jahrhundert an dieser Stelle und galt als Vorbild für viele andere Siegessäulen, wie die auf dem Marsfeld in Rom errichteten Mark-Aurel-Säule. Im hohlen Inneren führt eine Wendeltreppe nach oben. Weil das vergoldete Standbild des Trajans auf der Spitze verloren ging, ließ Papst Sixtus V. eine Petrusfigur draufstellen und machte so die Säule zu einem kirchlichen Symbol.

Michelangelo mit den Hörnern

Unser Abendessen nehmen wir in einem Restaurant seitlich des Kolosseums ein. Auf dem Weg dorthin dürfen wir einen schnellen Blick in die Kirche San Pietro in Vincoli am Esquilin-Hügel werfen. Zunächst aber herrscht Ratlosigkeit. Eva Maria fehlt. Keiner scheint gemerkt zu haben, dass sie beim Start der Gruppe offensichtlich noch einmal ins Hotel gegangen ist. Reiseleiterin Eva läuft die nicht gerade kurze Strecke zurück, während wir Michelangelos Grabmal für Papst Julius II. besichtigen. Das war anfangs mit 40 lebensgroße Figuren geplant. Doch Julius ließ den Plan fallen und Michelangelo verließ Rom.

Erst als Julius starb, arbeitete Michelangelo von 1513 bis 1515 erneut an dem Grabmal. Es entstanden der Gefesselte Sklave und der Sterben-

de Sklave sowie der wunderbare sitzende Moses aus Carrara-Marmor mit Hörnern. Diese Darstellung soll eigentlich die Ausstrahlung seines Antlitzes, das Strahlen des göttlichen Glanzes ausdrücken. Aus der Historie wird berichtet, dass Mose einen Schleier über dem Gesicht trug, wenn er zu den Menschen sprach und ihn nur lüftete, wenn er mit Gott im Gespräch war.

Vor der Kirche treffen wir unsere ziemlich gestresste Eva wieder. Eva-Maria war nirgends zu finden. Also weiter zum Abendessen.

Cucina italiana

Im Restaurant werden wir sehr freundlich begrüßt. An einer langen Tafel wird uns nach und nach alles serviert, was ein Italienerherz begehrt: Antipasti, Muscheln, Tintenfisch, dreierlei Nudeln, Tiramisu, Panacotta, Espresso, Grappa, Limoncello. Was für ein herrlicher Einstieg gleich am ersten Tag.

Satt und zufrieden machen wir uns auf den Heimweg. Vorbei am angestrahlten Kolosseum brauchen wir eine knappe viertel Stunde zu Fuß bis zum Hotel.

Einschlafgedanken: Da staunen wir über die ägyptischen Pyramiden und dann schleppen die Römer diese riesigen Zahnstocher an. Das war eine Leistung. Ja. Aber überall die vielen Brocken und Ruinen. Die Römer könnten ja wirklich mal sortieren und aufräumen.

Tag 2 (Sonntag)

Der Frühstücksraum befindet sich im Neben-
haus. Es ist ein fast antiker Gewölbekeller mit
modernen Bildern an der Wand und einem
Beamer unter der Decke, was darauf schließen
lässt, dass hier außer unserem Frühstück auch
Veranstaltungen stattfinden. Das Frühstücksbuffet ist malerisch auf einem Flügel angerichtet: Es gibt Linzertorte, Marmorkuchen, Salami, Käse, Croissants, Weißbrot, Ananas,
Erdbeeren.

Wir starten in Richtung Kolosseum und
durchqueren eine riesige Baustelle, die große
Bretterwände abschirmen. Gegen viele Wider-

stände baut die Stadt Rom seit Jahren mitten unter ihr antikes Zentrum eine U-Bahn. Am Hadrians Tempel erkennen wir die Abstützbemühungen, damit die Erschütterungen durch den U-Bahnbau nichts zum Einstürzen bringen. Beispielsweise sind an der Rest-Apsis alle Säulen einzeln regelrecht geschient und abgestützt. Schaumermal, wie das in ein paar Jahren aussieht, wenn erst im Untergrund dauernde Erschütterungen die alten Bauwerke unermüdlich quälen.

Das Kolosseum

Im größten weltweit erbauten Amphitheater aus der Zeit zwischen 72 und 80 n.Chr. ließen alle Nachfolger Neros brutale Kämpfe abhalten. Gladiatoren kämpften miteinander, Tiere wurden auf einander gehetzt, damit sie sich vor dem Publikum zerfleischten. Auch zum Tode Verurteilte und Christen wurden wilden Tieren zum Fraße vorgeworfen. Alles, um das Volk zu unterhalten. Bis zu 50.000 Zuschauer passten in die Ränge. Sie drängten sich über 76 nummerierte Eingänge hinein, blieben meist den ganzen Tag wie auf einem Volksfest und brachten sich Essen zum Picknick mit.

Die größten Gladiatorenkämpfe veranstaltete Kaiser Trajan und ließ bis zu 5.000 Kämpferpaare antreten. Als der Mönch Telemachus das

Ende dieser teils grausamen Schaukämpfe forderte, wurde er von der Menge in Stücke zerrissen. Erst Kaiser Honorius schaffte 404 die Kämpfe ab. Seit 1999 wird das Kolosseum grün angestrahlt, wenn irgendwo auf der Welt ein Todesurteil ausgesetzt wird oder ein Staat die Todesstrafe abschafft.

Die besondere Architektur des Kolosseums besteht aus den aufeinander stehenden Arkaden, deren Nischen früher mit Göttern, Helden und historischen Personen geschmückt waren. Im ersten Geschoss sind es dorische, im zweiten ionische und im dritten Geschoss korinthische Kapitelle. In einem vierten Geschoss befanden sich Holzmasten für Leinensegel, um die Zuschauer vor starkem Sonnenlicht und Unwetter zu schützen. Gladiatoren gibt es heute auch noch. Sie posieren in Sandalen mit Schwert und Umhang als Legionäre für die Touristen. Jeder Scheinmord fürs Foto fünf Euro. Bitte sehr.

St. Paul vor den Mauern

Obwohl eigentlich der Montag unser Kirchentag sein soll, besuchen wir am Morgen die Basilika St. Paul vor den Mauern, eine der sieben Pilgerkirchen Roms, weil der Andrang am Morgen noch erträglicher ist. Trotzdem erscheint uns die Schlange vor den Eingängen schon recht lang.

Eva versichert, in einer Stunde stünden wir dreimal so lange. Die Basilika liegt zwischen der Via Ostiense und dem Tiber. Durch die Lateranverträge wurde die zweitgrößte Kirche Roms extorritorialer Besitz des Heiligen Stuhls. Seit dem 7. Jahrhundert wirkt hier eine Benediktinerabtei.

Die erste Basilika wurde im dritten Jahrhundert über dem vermeintlichen Grab des Apostels Paulus errichtet. „Vor der Mauer" heißt die Kirche, weil sie außerhalb der aurelianischen Stadtmauer lag. 1823 zerstörte ein Feuer große Teile der Basilika, den erhaltenen Teil ließ der Architekt Luigi Poletti auch noch abreißen und baute in den alten Dimensionen die Kirche neu. 1854 weihte sie Papst Pius IX ein.

Erst Anfang des 20. Jahrhunderts wurde die viereckige Säulenhalle davor gebaut, in deren Mitte die Statue des Apostels Paulus steht.

Paulus wird besonders verehrt, in dem nur der Papst die Messe auf dem Hauptaltar zelebrieren darf, der sich genau über dem Sarkophag befinden soll. Papst Benedikt ließ angeblich den Sarg mit einer Sonde anbohren. Tatsächlich fand man die DNA eines Mannes aus dem 1. oder 2. Jahrhundert.

Besonderer Anziehungspunkt sind die 265 Medaillons mit den Porträts aller Päpste. Die Abbildungen vor dem 16. Jahrhundert sind Fantasie, danach wurden die Herren realistisch portraitiert. Einer Legende nach kommt Christus wieder, wenn kein Platz mehr für ein weiteres Medaillons vorhanden sei. Weil daran vermutlich nicht einmal die Kirchenfürsten glauben, hat man, als unter Johannes Paul II nur noch drei freie Stellen (je einer für Benedikt und Franziskus) zur Verfügung standen, 25 weitere Plätze vorbereitet.

Der Bookshop bietet unter anderem witzige Ansichtskarten an, auf denen Papst Franziskus, den Daumen nach oben reckt, als wolle er jemanden begnadigen. Kulinarische Anmerkung: Der Espresso in der Cafeteria kostet hier nur einen Euro und schmeckt hervorragend.

Centrale Montemartini

Auf dem Rückweg in die Stadt begrüßt uns Ostiense, ein Vorort in Tibernähe, mit dessen weithin sichtbarem Wahrzeichen, ein gigantischer Gasometer. Anfang des 20. Jahrhunderts siedelte man dank des vorhandenen Bahnnetzes und des Tiberhafens an beiden Ufern des Flusses Industrie an. Hier gab es Großmärkte, das Gaswerk und ein mit Kohle beheiztes Elektrizitätswerk. Doch nach 50 Jahren war dieses Werk veraltet und wurde 1963 stillgelegt. Nach der Demontage der Maschinen verfielen die Gebäude im Laufe der nächsten zwei Jahrzehnte. Als die bisherige Skulpturensammlung in den Kapitolinischen Museen wegen Umbaumaßnahmen irgendwo ausgelagert werden musste, entstand aus dem Engpass die Idee, hier Skulpturen auszustellen. Die städtische Elektrizitätsgesellschaft (Acea) entschloss sich daraufhin, das Hauptgebäude des E-Werks mit dem Maschinensaal und dem Kesselraum zu restaurieren, sowie einen Teil der Maschinerie, unter anderem eine Dampfturbine aus dem Jahr 1917, als Deko für ein Kunstmuseum wieder aufzustellen Diese Sanierung rettete ein Monument des industriegeschichtlichen Erbes der Stadt. Das Ganze nennt sich nun Industrie-archäologisches Museum.

30

Die Kulturschaffenden in Rom erkannten, wie reizvoll sich gerade der Kontrast zwischen dunklen Maschinen und weißen, meist lebensgroßen Skulpturen auswirkt. Götter und Helden zwischen Eisen und Stahl. Etwa 400 römische Statuen, Grabinschriften und Mosaiken, darunter auffallend viele hübsche Jungen, meist die Favoriten ihrer männlichen Gönner, die in Marmor gemeißelt ihre ewige Schönheit behalten sollten. Kommentar einer einzelnen Dame: „So viele hübsche Männer – und alle schon soo tot." Die für mich erotischste Darstellung: Satyr und Nymphe just in dem Moment, als er die Holde mit erigiertem Glied von Hinten nehmen will.

Als schönste Neuheit in Ostiense finde ich den Radverleih am Bahnhof mit dem Radweg am rechten Tiber-Ufer: Acht Kilometer durch Rom!

Unseren Mittagsimbiss nehmen wir auf der Terrasse des Kapitols ein, mit Blick auf zehn Kuppelkirchen, inklusiv Petersdom. Das warme Wetter genießen wir im Freien und essen Bresaola, Rucola auf Trockenfleisch mit gehobeltem Parmesan. Eva zeigt uns von oben das Marcellus-Theater. Man sieht, dass dies – 13 v. Chr. - ein kleineres Vorbild für das Kolosseums gewesen sein muss. Auch hier passten et-

31

wa 10.000 bis 15.000 Zuschauer rein. Allerdings wurden seine Mauern ab dem 5. Jahrhundert als Steinbruch missbraucht. Auf die ersten beiden Arkadenreihen baute man Wohnhäuser. Familie Savelli ließ sich die Anlage im 13. Jahrhundert als Festung ausbauen. Im 16. Jahrhundert wurde der ganze Komplex im Renaissancestil umgebaut. Heute befinden sich darin sehr begehrte Stadtwohnungen.

Auf dem Kapitol

Der Kapitolsplatz, einst Religions- und Machtzentrum, lag nach dem „Sacco di Roma", der großen Plünderung Roms 1527, in Trümmern. Was war geschehen? Deutsche Landsknechte, spanische und italienische Söldner erstürmten mit 24.000 Mann die Stadt von zwei Seiten und raubten, folterten, vergewaltigten und töteten wahllos. Die Hälfte der damaligen Bevölkerung – man spricht von 30.000 Opfern – wurde hingerafft. Zeitgenössische Historiker beschrieben, „dass man beim Gehen auf den Straßen vor lauter Leichen das Pflaster nicht mehr sah!" Das Kapitol lag in Trümmern. Papst Paul III. erwartete einen Besuch von Kaiser Karl V. Er brauchte eine repräsentative Kulisse für Staatsempfänge. Dazu beauftragte er keinen Geringeren als Michelangelo. Das ursprünglich vollständig vergoldete Original des Marc Aurel Standbilds können wir hier im

33

Museum bestaunen. Es entstand vermutlich um das Jahr 165 n. Chr.

Aus dieser Zeit stammt also das heutige Gesicht des Kapitols, nun eigentlich zwei Kuppen, mit dem Kapitolsplatz in einer dazwischen liegenden Senke. Drei Palazzi umrahmen den trapezförmigen Platz, in dessen Mitte das Standbild des Marc Aurel auf sternförmiger Pflasterung thront, die das Universum mit der Sonne und dem Kaiser in der Mitte darstellen soll. Das Standbild gilt als Vorbild für viele Reiterstatuen der Renaissance. Einem Irrtum ist zu verdanken, dass es im Mittelalter nicht wie so viele Statuen eingeschmolzen wurde. Man hielt es für den ersten christlichen Kaiser Konstantin. Seit 1997 steht hier allerdings nur noch eine bronzene Kopie.

Museo Capitulini (kapitolinische Museen)

Hier präsentierten sich uns ein Vielzahl berühmter Kunstwerke: Der Dornauszieher, die Wölfin, Amor und Psyche im Kuss vereint. Der Galater stirbt ergeben und würdevoll, dargestellt mit wilder Haartracht und Schnurbart als Barbar, nicht mit typischen Löckchen römischer Statuen. Die kapitolinische Venus, steigt aus dem Bad, allerdings mit einem maskulinen Gesicht und Männerarsch. Das Taubenmosaik, Medusa mit Schlangen-Frisur, sowie Herkules mit Keule und Löwe beeindrucken uns ebenso, wie der riesige Kopf des Konstantin, Teil einer ursprünglich zwölf Meter hohen Statue. Weiter geht es in der römischen Geschichte mit Romolus und Remus, dem Saal der Gänse. (Schnatternde Gänse warnten die Römer vor den Galliern).

Und immer wieder die Symbolfrüchte der Römer: Olive, Feige, Rebe. Man kann nicht alles aufnehmen. Es ist einfach zu viel der Pracht, die sich uns bietet.

Wir steigen die breite repräsentative Treppe hinunter zum Theatro Marcello mit einem Nebenblick auf die Spanische Treppe, die gerade renoviert wird. Ab hier beginnt das ehemalige jüdische Getto, das 1555 geschlossen, 1870 von Mussolini aber wieder eröffnet wurde. Heute findet man hier urige Restaurants, für die man jedoch reservieren muss. Wir schnabulieren ein Eis und schlendern durch die schmalen Gässchen. Der Begriff Getto stamme aus Venedig, weiß Eva: Die Gerber wurden wegen der Gefährlichkeit ihrer Arbeit eingeschlossen.

Auf dem Heimweg streifen wir das Forum Romanum, in dem Petrus gefangen und in einer Marmornische eingekerkert wurde. Die Legende erzählt, er habe seine beiden Wächter bekehrt, so dass sie ihn laufen ließen. Er sei aber zurück gekommen, erneut eingesperrt und dann mit den Füßen nach oben gekreuzigt worden. „Ich bin es nicht wert, wie mein Herrscher gekreuzigt zu werden".

Katzenparadies Largo* argentina

Es ist angeblich Cäsars Sterbeort, auf dem nun ganz offiziell zwischen liegenden Säulen, Quadern, Mauerbrocken und Schutt Katzen herumwuseln. Ungestört leben sie auf einer Ebene unterhalb des tiefer gelegten Straßenniveaus. Niemand verscheucht sie. Im Gegenteil; Sie werden von römischen Katzenmüttern gehegt, gepflegt, gefüttert und tierärztlich betreut. *Ein Largo ist eine zum Platz verbreiterte Straße. Egal wo man aus dem Fenster schaut, überall liegen Säulen und Quader herum, als seien sie heilig und unberührbar. Als dürfe man sie nicht einen Zentimeter wegbewegen, ohne die Geschichte Roms zu erschüttern.

Ausflug aufs Dach

Alle Mitreisenden sind mit Eva auf der Dachterrasse des Hauses verabredet. Vorher schlüpfen wir in die enge Gasse um die Ecke, um etwas Wein, Obst und etwas Leckeres einzukaufen. Eva gab uns einen Tipp, nach einem bestimmten Wein zu fragen. Gleich der erste winzige Eckladen hat ihn. Nicht billig: 12,50 Euro. Aber er schmeckt uns so gut, dass wir ihn noch mehrfach nachkaufen. Dazu ein bisschen Schinken und Käse. Alles sieht sehr urig und typisch aus.

Diesmal finden wir den Weg zum Dach etwas leichter. Wieder berauscht uns der Anblick. Hoch über der Straße Via del Fiori, eine ehemalige Senke, die Mussolini für seine Paraden als Prachtstraße ausbauen ließ. der Blick auf das weiße mächtige König Viktor Emanuel Denkmal; 80 Meter hoch, 130 Meter breit. Wirklich ein Monstrum. Alleine die Reiterstatue soll 50 Tonnen schwer sein.

„Vittoriano" nennen es die Römer und es ist wegen seiner weißen Optik als unpassend für Rom ziemlich umstritten. Deshalb bezeichnen sie es sehr unprosaisch als „Schreibmaschine", manchmal als „Gebiss" oder „Hochzeitstorte". Roms Nationaldenkmal für seinen ersten König Viktor Emanuel II. wurde 1911 im Beisein des Neffen, König Vittorio Emanuel III eingeweiht, aber erst 1927 fertiggestellt. Heute finden darin Ausstellungen statt. Man kann auch nur die Dachterrasse besuchen, die einen überragenden Blick auf Rom und den Petersdom bietet. Aber den haben wir auch auf unserer Dachterrasse.

Die Prachtstraße Via dei Fori Imperiali „Straße der Kaiserforen" wird sonntags zur Fußgän-

gerzone. Da sind besonders viele Menschen unterwegs. Die Musik aus Lautsprechern und Instrumenten tönt zu uns herauf. Die Stadt ist voller Touristen und auch die Römer selber sind unterwegs. Wir blicken bis zum Pantheon, dessen Kuppelbau wie ein abgeschlagenes Ei in der Ferne steht. Eva zeigt uns einige Türme von Kirchen und Sehenswürdigkeiten, die wir zu diesem Zeitpunkt überhaupt noch nicht einordnen können Die Luft ist lau. Abendsonne wärmt uns. Jeder hat einen kleinen Imbiss mitgebracht, den wir uns teilen. Ein paar dicke fette Möwen umkreisen unsere Leckereien, trauen sich aber nicht, zu klauen. Wir fühlen uns angekommen in Rom.

Tag 3 (Montag) Kirchentag

Am Morgen diskutieren wir über einen Besuch des Vatikans. Eva rät energisch ab. Es geht dabei nicht um die 20 Euro Eintritt. Immerhin führt der Rundgang durch die Vatikanischen Museen, in die Sixtinische Kapelle und abschließend in den Petersdom. Wenn viele Leute da sind, sei das ein zähes Gedränge, das sich durch die Gänge schiebt, so dass es unmöglich sei, an einer besonders schönen Stelle stehen zu bleiben und inne zu halten. Die Alternative wäre, den Petersdom alleine zu besuchen, allerdings mit langem Anstellen. Wir überlegen noch. Andererseits: Wenn man schon mal da ist?

Kirchentag mit viel Barock.

Als Barock wird eine Epoche der europäischen Kunstgeschichte bezeichnet, deren Beginn sehr wohl in Italien festzumachen ist. Die Wiege des Barock stand in Rom. Am Sitz der Päpste schufen vor allem Caravaggio und Annibale Caracci, Gian Lorenzo Bernini, Francesco Borromini und Pietro da Cortina ab etwa 1600 ihre epochemachenden Werke. Die von ihnen geprägten Formen gelangten von Italien aus in die katholischen Länder Europas und Lateinamerikas, verbreitet besonders durch die Jesuiten.

Von hier aus erreichte der Barock zunächst in katholische Länder, bevor er sich in abgewandelter Form auch in protestantischen Gegenden durchsetzte. Erste Anzeichen bildeten sich in der vernunftbetonten Renaissance als romantisches, gefühlvolles Aufbäumen. Der Barock liebt das Spiel mit fließenden Formen, mit Bewegungseffekten, mit Licht und Schatten, mit Theatralik und illusionistischer Malerei. Die Grenzen zwischen Malerei, Skulptur und Architektur verwischten und flossen zusammen. Bis circa 1650 spricht man heute von Frühbarock, 1650 bis 1729 von Hochbarock; danach von Spätbarock, auch als Rokoko zu bezeichnen. Danach folgte der Klassizismus.

Unsere Kunsthistorikerin Eva befruchtet uns nun mit barockem Gedankengut, das nur noch mit Hilfe ihrer uns überlassenen Aufzeichnungen hier niedergeschrieben werden kann. Das Copyright der folgenden Barock-Seiten gehört also ihr.

„Schon im Manierismus, der Übergangsepoche von

Renaissance und Barock, kündigen sich diese Charakteristika an, als die Kunst unruhig zu werden beginnt. In der Architektur finden sich Bestrebungen, die erhabenen harmonischen Linien der Renaissance radikal zu überwinden. Voraussetzung der barocken Architektur ist die Antike. Die antiken Säulenordnungen werden zur Richtschnur der barocken, aber in plastischerer Weise ausgeführt. Bei der Fassadengliederung eines Bauwerks bevorzugt man die Kolossalordnung, bei welcher Säulen oder Pilaster auf zwei und mehr Stockwerke übergreifen, um eine monumentalere Wirkung zu erzielen. In der Plastik versucht man, die Figuren durch dynamische Bewegungen besser in den Raum eingreifen zu lassen."

„In der Malerei schließlich wird einerseits der Hang zu großem Realismus — siehe Caravaggio - deutlich, andererseits werden grandiose Schein-Architekturen geschaffen, welche die Decken und Gewölbe der Paläste und Kirchen in unendliche Räume ausdehnen."

„Die römische Barock-Architektur wird zum Propaganda-Instrument der Gegenreformation über die ernste Strenge des Protestantismus. Gefördert vom mächtigen Jesuitenorden, repräsentiert sie mit prächtigen Kirchen, Palästen und Plätzen den Triumph und die Verherrlichung der katholischen

Kirche. Die Künstler, welche an der Realisierung dieses Vorgangs beteiligt sind, schaffen keine Kunstwerke zum Selbstzweck, sondern zum Ruhme Gottes auf Erden."

"Papst Sixtus V. (1585 - 1590), lässt als erster Papst die antiken Obelisken wieder aufstellen und mit einem Kreuz bekrönen. Und er lässt im Jahre 1589 einen neuen Aquädukt erbauen, welcher 27 öffentliche Brunnen speisen soll, die zum typischen Bild des barocken Rom beitragen werden."

„Im Gegensatz dazu ist das Besondere an der typisch barocken Stadt, dass sie sich mit ihrer Umgebung verbindet, sie grenzt sich nicht mehr von ihr ab. Das Gleiche gilt für die einzelnen Gebäude der typischen Barockstadt: Sie verlieren ihre Individualität, um Teil eines Übergeordneten Ganzen zu werden. Das Vor - und Zurückschwingen ihrer Fassaden, eine typisch barocke Eigenheit, steigert noch ihre Verbindung zur städtischen Umgebung."

„Das machtbewusste, extravertierte Ichgefühl des barocken Menschen findet seinen Gegenpol in einer gefühlsstarken, oft rauschhaften »Inbrunst zum Jenseitigen«. Dementsprechend hat auch alle barocke Kunst gemeinsam die Darstellung des sichtbaren Universums und dessen, was man unsichtbar, aber empfindungsstark dahinter weiß: die Transzendenz."

Die ewigen Rivalen

In Rom geht es vor allem um Gian Lorenzo Bernini (1598 bis 1680) und Francesco Borromini (1599 bis 1667). Ihre Hauptschaffenskraft wirkte in einer Barockepoche, wo alles an Gestaltung möglich schien, wo sie selbst diese Kunstform bestimmten und zur Blüte trieben, einer den anderen immer wieder durch eigene Ideen überbieten zu wollen.

Bernini und Borromini waren fast gleichaltrig. Berninis Familie stammte aus Florenz und zog, als er ein kleiner Bub war, nach Rom. Sein Vater hatte eine Bildhauerwerkstatt und so konnte der ehrgeizige Gian Lorenzo von Klein auf mit Hammer und Meißel umgehen.

Borromino wiederum, Sohn eines Steinmetzes aus der Nähe von Lugano, kam erst mit 15 Jahren nach Rom, wo ihn sein Onkel Carlo Maderno, leitender Architekt des Petersdoms, unter seine Fittiche nahm. Francesco wurde sein Assistent. Als Maderno starb, schlug das Rivalenschicksal erstmals zu: Nicht der Neffe wurde sein Nachfolger, sondern Bernini. Borromini, klein und schmächtig an Statur, soll das nie verwunden haben. Am Petersdom musste er als Assistent von Bernini seinen Anweisungen folgen. Zwar arbeiteten sie anfangs noch gemeinsam in der Peterskirche; doch bald wurden sie zu erbitterten Rivalen.

Borrominis Vorbilder sind die Antike und Michelangelo. Doch er will nicht kopieren, nicht imitieren. Außerdem ist er unbequem. Er verzichtet lieber auf Honorar, als sich den Vorstellungen seiner Auftraggeber unterzuordnen. Er gilt als introvertiert, eigenbrödlerisch und trotz seiner Kunstfertigkeit wenig überzeugend. Während Bernini das Künstlerische mehr beherrscht, ist Borromino ein begnadeter Statiker. Es fehlt ihm zwar an Durchsetzungsvermögen und Selbstbewusstsein, doch seine große Willenskraft, etwas Neues zu schaffen, treibt ihn an. Und tatsächlich unterscheidet sich Borrominis Barock wesentlich von dem seiner Zeitgenossen: Seine Bauten verzichten auf überflüssiges Beiwerk. Sie benötigen weder Schlenker noch Schnörkel.

Bernini

Bernini hingegen besitzt die Leichtigkeit und das Selbstbewusstsein, die Päpste von sich und seinen Plänen und Ideen zu überzeugen. Er arbeitet im Laufe seines Lebens für acht Päpste, von Paul V. bis Innozenz XI. Vor allem das Szenografische seiner Skulpturen überträgt sich auch auf seine Architektur. Gleichsam befeuern sich Bernini und Borromini architektonisch gegenseitig durch den ständigen Versuch des Übertrumpfens, wodurch Rom am meisten profitierte. Nicht selten arbeiteten sie auch nacheinander am gleichen Gebäude, zum Beispiel der Palazzo Barberini, die Kirche Sant' Andrea della Fratte und der Palazzo Propagana Fide, der sich direkt gegenüber von Berninis Wohnung befand.

Im Gegensatz zu Borromini, dem Architekten, machte sich Bernini in Rom auch als Bildhauer einen Namen. Neben unzähligen Büsten und Skulpturen, die im Kapitolinischen Museum, in den Vatikanischen Museen, in der Villa Borghese und in den Museen auf der ganzen Welt zu sehen sind, schuf Bernini allein in Rom unvergleichliche Architektur:

Hochaltar-Ziborium, Petersdom (1624–1635)
Tritonenbrunnen, Piazza Barberini (1642–1643)
Bienen-Brunnen, Barberini (1644)
Vierströmbrunnen, Piazza Navarone (1648.1651)
Palazzo Montecitorio (1653)
Sant' Andrea al Quirinale (1658–1676)
Petersplatz mit Kolonnaden (1659–1672)
Scala Regia (1663–1666)

Begraben liegt er in einem schlichten Grab der Kirche Santa Maria Maggiore in Rom. Er wurde 82 Jahre alt.

Borromini

Anfangs gewann auch Borromini das Vertrauen des Papstes – seinerzeit Innozenz X. Es gelang ihm in den folgenden Jahren sogar, den Erzrivalen Bernini aus der Position des führenden Architekten zu verdrängen. Aber schon beim nächsten Papstwechsel zu Alexander VII. eroberte sich Bernini die alte Gunst. Und Borromini wurde nur noch spärlich mit Projekten beauftragt. Während Berninis Stern wieder erstrahlte und er neue Projekte in Angriff nehmen konnte, widmete sich Borromini dem Ausbau und der Vollendung bereits begonnener Gebäude. Untätig war er nicht. Seine Formenlehre ist heute noch prägend, so zum Beispiel das spiralenförmige Guggenheim Museum in New York, das wir beide von oben bis unten abgelaufen sind.

Spektakulär in Rom, ohne es selbst gesehen zu haben:

Oratorium der Philippiner
San Carlo alle Quattro Fontane
Sant'Ivo alla Sapienza
Kuppel und Glockenturm von Sant' Andrea delle Fratte
Santa Maria die Sette dolori
Palazzo Barberini
Perspektivische Kolonnade von Palazzo Spada

Festsaal und Galerie im Palazzo Pamphili
Umbau des Palazzo Giustiani
Umbau und Dekoration von Palazo Falconieri
Palazzo di Propaganda Fide

Zu den revolutionären Erfindungen Borrominis gehören vor allem die Schaffung eines neu-
en Raumes und die Auflösung der Wand als
begrenzende Zone. Seine Bauwerke gründen
auf reine geometrische Formen wie den Kreis,
die Ellipse und das Dreieck, aber nicht scharf
abgegrenzt, sondern fließend, sich überlap-
pend. Seine Wände sind nicht gerade, sondern
konkav oder konvex gewellt. Das Licht lässt er
von oben in die Gebäude fließen, so dass dif-
fuses weiches Licht entsteht, das die Gegen-
stände ungewöhnlich plastisch erscheinen lässt.
Borrominis Architektur ist auch außerhalb Italiens zu finden, weil er das Weltliche, die Be-
dürfnisse des Individuums und der Gemeinde
in den Vordergrund stellt.

Im Sommer 1667 befallen den 68jährigen De-
pressionen. Er nimmt sich das Leben. Angeblich ersticht er sich in einem Anfall von Rage.
Man bettete ihn ins Grab seines Onkels Carlo
Maderno in der Kirche San Giovanni die Fio-
rentini.

Eine Reise durch die Kunstgeschichte

Das Besondere dieser Reise, das begreifen wir schnell, sind Evas kunsthistorische Ausführungen. Statt uns mit vielen Kunstwerken zu „erschlagen" und mit zu viel Wissen abzufüttern, wählt sie gezielt und sorgsam einzelne Skulpturen und Gemälde aus, zeigt uns die Details und vermittelt uns die Botschaft, die von den Päpsten vielleicht gewünscht war und die letztlich der Künstler durchgesetzt hat. Ihre Führungen ermüden nicht, sondern halten Neugier, Konzentration und Aufmerksamkeit wach, mehr zu erfahren.

Eva hat uns mit einer Wochenkarte für den öffentlichen Verkehr ausgestattet. Wir sitzen in einem Bus auf Hartschalensitzen und rumpeln über Kopfsteinpflaster. Das Weiße M auf rotem Viereck zeigt, wo eine Haltestelle ist. Mit dem 64er Bus fahren wir die Via National hoch, zwei oder drei Stationen. Zur Piazza della Republica.

Der Najadenbrunnen (Fontana delle Naiadi) stammt aus dem Ende des 19. Jahrhunderts. Ein paar Damen fielen wohl in Ohnmacht bei der Einweihung wegen der frivolen Jugendstil-Nymphen. Und Gaetano Koch, der Bildhauer, bekam sicher sein Fett weg, wegen der lustvollen Darstellungen. Aber wie wir noch sehen werden, erlaubten sich etliche Künstler, ihre wollüstigen Gedanken, die Konterfeis ihrer geheimen Geliebten und heimlichen Kindern sowie viel unterschwellige Erotik in ihre Werke zu integrieren. Sozusagen Gefühle, erotische Ausrutscher, Sehnsüchte und Heimlichkeiten in Stein gemeißelt für die Ewigkeit. Und nicht nur in Rom.

Santa Maria della Vittoria

Seinen Namen verdankt das Anfang des 17. Jahrhunderts von Carlo Maderno, Borrominis Onkel, erbaute Gotteshaus einem Madonnenbild, das im Dreißigjährigen Krieg in der entscheidenden Schlacht am Weißen Berg bei Prag der katholischen Liga zum Sieg über die Protestanten verholfen haben soll. Heutiger Höhepunkt ist die Marmor-Komposition „Verzückung der heiligen Theresa von Avila" in der Kapelle Cornaro.

Unser Kommentar: Die schwebende Theresa aus einem Marmorblock zeigt einen Orgasmus. „Sie kommt gerade"

Einen richtigen Skandal soll es gegeben haben, als die überlebensgroße Marmorkomposition der heiligen Theresa von Avila enthüllt wurde. Bernini schuf sie zwischen 1647 und 1652.

Die Entrüstung galt der weltlichen Darstellung einer Frau, die sich in explodierender Ekstase auf Wolken schwebend einem Engel hingibt, der wiederum einen goldenen Pfeil auf sie schleudert. Die erotische Ausdrucksform, die Darstellung körperlicher Liebe schien in den Augen der ersten Betrachter die mystisch gemeinte Botschaft zu überdecken. Unverhüllt wird gezeigt, wie eine Frau der Erotik Gottes erliegt. Ihr, wie zu einem Seufzer leicht geöffneter Mund, das komplizenhafte Lächeln des Engels, Eva bezeichnet es als anzügliches Grinsen, machte die Sache auch nicht besser. Auf den Seitenwänden schaut die Stifterfamilie wie Gaffer zu. Aus einem einbezogenen Fenster ergießen sich goldene Strahlenbündel über die Heilige, als könne sie sich jeden Augenblick in nichts als Licht auflösen. Es bestünde also keinen Anlass, die religiöse Ernsthaftigkeit dieser Darstellung anzuzweifeln, gäbe es da nicht das wissende Lächeln des Engels. Seinerzeit glaubte man, im Antlitz der Theresa eine Geliebte von Bernini wiedererkennen zu können. Auch das ein Fauxpas.

Theresa beschrieb dieses sinnliche Erlebnis in ihrer Autobiographie: *„Es wollte der Herr, dass ich den Engel in leiblicher Gestalt sehen sollte. Er war nicht groß, eher klein, aber sehr schön. In den Händen des mir erschienenen Engels sah ich einen langen goldenen Pfeil; an der Spitze seines Eisens schien mir Feuer zu sein. Es kam mir vor, als durchbohrte er mit dem Pfeil einige Male mein Herz bis ins Innerste. Und wenn er den Pfeil wieder herauszog, war mir, als zöge er den innersten*

Teil meines Herzens mit heraus. Als er mich dann verließ, war ich ganz entzündet von feuriger Gottesliebe. Der Schmerz war so scharf, dass er mich zu vielen Seufzern trieb und so groß war die Süßigkeit dieser Qual, dass ich niemals wünschen kann, sie zu verlieren, noch dass meine Seele mit weniger als Gott zufrieden sei. Es ist kein körperlicher Schmerz, sondern ein geistiger, obwohl der Körper Anteil daran hat, großen Anteil. Der Liebesverkehr, der seither zwischen meiner Seele und Gott stattfindet, ist so beglückend, dass ich den gütigen Herrn anflehe, er wolle ihn dem zu kosten geben, der etwa meint, ich würde hier lügen." (Eine von großer Sinnlichkeit geleitete Übersetzung, wie sie nur von einer Frau stammen kann).

Der Streit zwischen Bernini und Borromini wird öffentlich. Borromini bezichtigt Bernini, er habe keine Ahnung von Statik und durch den Anbau von zwei Glockentürmen um ein Haar den Petersdom zum Einstürzen gebracht. Bernini fällt daraufhin in Ungnade bei Papst Innozenz X. Alleine durch die Skulptur der Heiligen Theresa gerät er wieder ins Licht der Öffentlichkeit, weil viele Menschen kommen, um sich die vermeintliche „Sauerei" anzusehen. Vor allem am grinsenden Engel spielte er seine Macht aus, um sich über alle, auch die Päpste, zu erheben.

Die weiße Kirche

San Carlo alle Quattro Fontane ist Borrominis erstes, als Autodidakt alleine durchgezogenes Bauwerk: eine Kirche und ein Kloster des spanischen Trinitarierordens; das erste bedeutende Beispiel einer barocken Raumgestaltung, entstanden zwischen 1635 und 1641. Es erinnert uns an Friedensreich Hundertwasser, der auch versuchte, alle rechten Winkel zu vermeiden. Die Fassaden wurden erst spät, 1665 begonnen und erst 1682, nach dem Tod Borrominis beendet. In Erinnerung bleibt sie uns hauptsächlich, weil es eine komplett weiße Kirche ist. Völlig ohne Malerei. Sogar der Blumenschmuck ist weiß. 16 weiße, in die Wand eingebettete Säulen im Kreuzgang orientieren sich am elliptischen Grundriss. Perspektivische Verkleinerungen täuschen eine höhere Kuppel vor. Eine Art Spinnennetz überzieht das Kreuz des Brunnens im Kreuzgang wie ein Schleier.

Aus dem Kreuzgang rufen wir unsere Freundin Margitta in der Schweiz an. Geburtstag. In Anlehnung der Wella-Haarspray-Werbung erklären wir ihr, wo wir gerade sind: „Zwölf 12 Uhr mittags. Rom. 24 Grad. Sonne scheint. Die Frisur sitzt."

Basilika Santa Prassede (Praxedis)

Wir sind noch immer auf dem Esquilin. Mal kein Barock. Die dreischiffige Basilika ist ein Kleinod Byzantinischer Mosaikkunst aus dem 9. Jahrhundert. Ihre Ausstattung zeigt den Übergang von der Spätantike zum Frühmittelalter. Vorbild war Alt Sankt Peter. Der Glockenturm ist der älteste der Stadt.

Die Heilige Prassede sei eine römische Jungfrau und Märtyrerin aus dem 1./2. Jahrhundert gewesen. Der Überlieferung nach wurde die Tochter des römischen Senators Pudens des Christentums „entlarvt". Das bedeutete ihren Tod. Laut Legende soll sie sich, zusammen mit ihrer Schwester Pudentiana heimlich um Arme gekümmert haben. Beide erscheinen häufig gemeinsam auf wunderbaren polychromen Mosaiken, die an den Wänden funkeln. Der römische Schriftsteller Marco Lodoli schreibt: „Es ist dies das bedeutendste Werk byzantinischer Kunst in Rom, eine Enzyklopädie heiliger Symbole, geschrieben mit dem Gold und den lebhaften Farben Tausender Mosaiksteinchen." Wir haben genug Ein-Euro-Münzen dabei, um die Zeno-Kapelle immer und immer wieder ins Licht zu tauchen. Angeblich hätten die Schwestern 3000 tote Märtyrer von den Richtstätten geholt, deren Blut mit Schwäm-

men aufgesaugt und in der Zisterne ihres El-
ternhauses bestattet. Ihr griechischer Name
bedeutet „Die Wohltätige“. Ihr Gedenktag ist
der 21. Juli. Belege für ihre Existenz gebe es
nicht, auch wenn sie im Triumpfbogen, unterhalb der Christus beschützenden Engel mit ihrer Schwester abgebildet zu sein scheint.

Das Bedeutendste sind die Goldmosaiken der
fast quadratischen Zenokapelle (Capella di San
Zenone.) Sie gelten als die wichtigsten des
Mittelalters. Das Material sind Glaswürfel, die

wahrscheinlich aus beschädigten antiken Mosaiken stammten. Der Kirchenstifter Papst Pascalis I. gestaltete die Kapelle im Gedenken an seine Mutter und eröffnete mit einer Sammlung von Reliquien die Epoche des Reliquiensammelns.

Der Bau der Kirche kann als Rückbesinnung der karolingischen Zeit, als Wiederbelebung der frühchristlichen Kunst gesehen werden. Die alte Pracht des antiken und christlichen Roms sollte wieder erstehen. Speziell die kurze Zeit des Pontifikats Pascalis I. war geprägt vom Wiederaufbau. Hierbei wurden die Gebeine der Märtyrer aus den Katakomben übergeführt. Es sollen an die 2.000 sein, auch die der Namenspatronin Praxedis (griechisch), Prassede (italienisch).

Fast witzig ist hier der „arabische Phönix", den es auch auf Ansichtskarten gibt. Man findet ihn links von dem riesigen Christus zwischen den Wedeln einer zierlichen Palme, zusammengekauert und halb angekokelt wie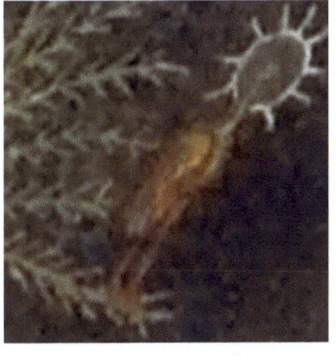

ein Brathähnchen. Halb heiliges Wesen, halb Vogel. Er sitzt auf einem kleinen Ast.

Im Nachhinein frage ich mich, ob der "Phönix" auch Mützen gesammelt hat? Jedenfalls steht Bernhard plötzlich ohne Kopfbedeckung da; ein Malheur bei seinem empfindlichen Kopf. Also hechte ich, weil wir sowieso noch auf ein paar Nachzügler warten, über die Straße in ein Kaufhaus und kaufe ihm eine neue Batschkapp in Beige. Und weiter geht es wenige Schritte um die Ecke zur nächsten Kirche.

Santa Maria Maggiore

Es ist die größte und älteste der ungefähr achtzig Marienkirchen in Rom. Sie ist eine der sieben Pilgerkirchen und befindet sich im exterritorialen Besitz des Heiligen Stuhls.

Der Legende nach erschien in der Nacht zum 5. August 352 die heilige Maria dem Papst Liberius und einem Patrizier namens Johannes. Sie habe befohlen, dort eine Kirche zu bauen, wo es am nächsten Tag schneien werde. Es sei dann tatsächlich Schnee gefallen an jenem Augusttag. Die katholische Kirche feiert noch heute am 5. August das Fest „Mariä Schnee".

Wie in vielen anderen Gebäuden müssen wir auch durch eine Sicherheitskontrolle. Die Entstehung der Kirche sei tatsächlich in die Zeit unmittelbar nach dem Konzil von Ephesus im Jahr 431 anzusetzen, sagt uns Eva. Dieses Konzil bestätigte den Titel Marias als „Gottesgebärerin". Papst Sixtus III (432 bis 440) veranlasste unverzüglich den dreischiffigen Bau als Langschiff. Es heißt, dies sei die einzige Kirche

Roms, in der seit jener Zeit ununterbrochen jeden Tag die Heilige Messe gefeiert werde.

Das Besondere ist der Kosmaten-Boden; so nennt man die „Inkrustationen") einer Gruppe von Marmordekorateuren (Familie Kosmas), die zwischen dem 12. und 14. Jahrhundert diese Einlegearbeiten nach antiken und arabischen Ziermustern vor allem in Rom fertigten.

Uns fällt auf, dass man diese Mosaike nicht unter den Füßen spürt, auch nicht unter meinen dünnen Sohlen. Außeritalienische Beispiele für diese Technik findet man in der Westminister Abbey und im Dom zu Gurk, Österreich. Die Kassettendecke wurde Ende des 15. Jahrhunderts prächtig geschmückt. Angeblich handele es sich um das erste Gold, das Kolumbus aus Amerika mitbrachte. Der spanische König habe es Papst Alexander VI. geschenkt.

Wesentlich älter sind die Mosaike an den Wänden und Decken. Sie stammen aus der Blütezeit der römischen Mosaikkunst, die sich über mehr als 800 Jahre vom 5. Jahrhundert bis Ende des 13. Jahrhunderts erstreckte. Aus der Entstehungszeit der Basilika stammen auch die sechsunddreißig Tafeln mit Geschichten aus dem Alten Testament an den Wänden des Langhauses und am Triumpfbogen um die Apsis. Eva empfiehlt dazu ein Opernglas, um die filigranen Details besser zu erkennen. Hinter dem Papstaltar ruht Bernini unter einer Bodenplatte mit seinem Namen.

Vor der Kirche steht Maria auf einer Säule. Sie stamme eigentlich aus der Maxentiusbasilika am Forum. Die Hauptfassade und die Seitenkapellen wurden erst später angebaut. Durch die Bögen des Vorbaus schimmern die goldenen Mosaiken der früheren Fassade.

Mittagspause. Wir gönnen unseren Füßen ein Päuschen in einem Seitengässchen. „La Bottega del caffe" an der Piazza Madonna die Monti 5. Unter großen Schirmen an kleinen runden Tischen ordern wir Kleinigkeiten: Spaghetti carbonara, Pizza Margarita, gemischter Salat und ein Merlot zu zweit.

Nur nicht zu viel Alkohol, auch wenn der Wein köstlich schmeckt. Aber wir haben noch ein tüchtiges Pensum vor an „unserem Kirchentag". Wir diskutieren: Ist „con Gas" für das Mineralwasser mit Kohlensäure nun eigentlich Italienisch oder Spanisch? Spanisch! Italienisch heißt das „aqua frizzante". Trotzdem versteht uns jeder.

Colle Oppio

Eva warnt uns: Der Hügel gegenüber dem Kolosseum, sei eine „No-Go-Ärea", so sehr er Fremde vielleicht zum Spazieren einlädt. Da treibe sich hauptsächlich in den Abendstunden allerlei Gesindel herum. Auch in Reiseführern ist zu lesen, dass sich hier Lateinamerikaner zum Fußballspielen träfen und deren Zusammenkünfte einem ungezügelten Volksfest mit Übergriffen auf Fremde, vor allem Frauen glichen.

Der Hügel an sich ist eine der ältesten und reichsten archäologischen Stätten in Rom, weiß Eva. Der Park wurde in den dreißiger Jahren gegründet, um die Überreste der grandiosen Domus Aurea von Nero und den Bädern von Trajan und Titus (Terme di Traiano) zu bewahren, die noch als Ruinen herausspitzen.

Die Domus Aurea (lateinisch für das Goldene Haus) war ein riesiger Palast, den der römische Kaiser Nero nach dem von ihm veranlassten Brand 64 nach Chr. auf dem Gelände des früheren Palastes, der Domus Transitoria errichten ließ. Man müsste den gesamten Erdhügel abtragen, um das Goldene Haus sichtbar zu machen. Wer weiß? Wenn die Römer mal wieder mehr Geld haben oder die EU sich erweichen lässt?

Nur ein paar Schritte weiter auf der Via Labicana, die Straße, die am Kolosseum beginnt, steht die mehrstöckige Kirche

San Clemente

Unglaublich. Zwölf Jahrhunderte bis zu einer Tiefe von 18 Metern. Es ist, als ob man wie in die Eingeweide einer unterirdischen heiligen Höhle eindringt. Mehrere Kirchen wurden hier übereinander gebaut. Immer wieder zugeschüttet und Neues darauf gesetzt. In der Neuzeit wurden diese vielen Schichten wieder ausgegraben, wobei die darauf stehende Kirche durch unterirdische Stützkonstruktionen immer wieder gesichert werden musste. Heute kann man auf Treppen bis zu den Ursprüngen, Ruinen von Wohnhäusern aus der Ära Cäsars, hinabsteigen. Da unten befindet sich auch das begehbare sogenannte Mithrasheiligtum.

Die römische Göttergestalt Mithras, eine mythologische Personifizierung der Sonne, wurde im Mithraismus verehrt. Der Name Mithras geht jedoch auf den iranischen Gott Mithra zurück. Parallelen konnten wir Laien allerdings nicht aufklären. Im unteren Tonnengewölbe stellt ein Relief Mithra dar, der den Stier tötet. Das Rauschen einer unsichtbaren Quelle macht das Ganze unheimlich und spannend. Es sei ein Zulauf der Cloaka Maxima, mit der die Etrusker vor 2600 Jahren das Gebiet des späteren Forums trockenlegten.

Der Kirchenname leitet sich ab von Konsul Titus Flavius Clemens, dessen Wohnhaus hier gestanden habe. Durch seinen Übertritt zum Christentum ging er mit seiner Familie den Weg aller Märtyrer. Vorher hatte er aber einen Sklaven freigelassen, der – das war so üblich – dafür den Namen seines ehemaligen Herrn übernahm und später als Papst Clemens I, in die Geschichte einging.

Auch über der Erde gibt es Bemerkenswertes zu berichten. Den Eingang an der Piazza San Clemente bildet eine Säulenhalle (Portikus) aus dem 12. Jahrhundert mit vier antiken Säulen. Durch ihn betritt man das Atrium, ebenfalls aus dem 12. Jahrhundert, eines der letzten Beispiele für die frühchristliche Bauform in Rom. Vom um 1600 errichteten Glockenturm aus erkennt man die nachträglich davor gesetzte barocke Fassade.

Es handelt sich um das erste Werk der Frührenaissance in Rom. Die Heilige Katharina von Alexandria wurde als Märtyrerin gerädert und in der Oberkirche enthauptet. Die Bürger suchten hier Schutz vor den Normannen, die die dreischiffige Säulenbasilika aus dem 4.

Jahrhundert zerstörten. Übrig geblieben sind Freskenreste des 9. und 11. Jahrhunderts sowie ein erstes Schriftzeugnis in italienischer Sprache. Eines der ältesten Beispiele für Vulgärlatein befindet sich in den Fresken der Clemenslegende an der Längswand. Der Zyklus illustriert, wie der Heilige von Häschern des Präfekten Sisinnius verfolgt wird. Gott blendet sie mit Sonnenstrahlen, so dass sie anstatt Clemens eine Säule fesseln und versuchen, diese abzuführen. Vergeblich werden sie angefeuert: „Fili de le pute, traite…", auf Deutsch: …zieht ihr Hurensöhne!"

Wir marschieren zur Pantheons-Piazza, wo viel Gedränge herrscht. Immer diese Touristen. Wir aber ignorieren heute das Pantheon und gehen zur zumindest von außen, weniger spektakulären Kirche

San Luigi die Francesi.

Das ziemlich dunkle Kircheninnere beherbergt gleich drei Gemälde von Caravaggio, die gegen Geldeinwurf temporär angestrahlt werden. Spätestens an dieser Stelle sei dem großen wilden Maler des Barock ein Kapitel gewidmet.

Caravaggio (1571/ 1573 bis 1610)

„Barockmalerei", meint Eva, das sei „eine Menge Haut – und einer muss sterben". Wie wir bald begreifen, trifft dies im besonderen Maße auf Caravaggio zu. Sein Leben war kurz aber dramatisch. Zwei bedeutende niederländische Maler eiferten seinen dramatischen Hell-Dunkel –Effekten nach: Rubens, nur sechs Jahre jünger, und Rembrandt, 1606 geboren. Caravaggio stammt aus Norditalien. Wo genau, ist nicht sicher: in Mailand oder Bergamo oder im Dorf Caravaggio bei Bergamo. Auch sein Geburtsjahr ist unklar: 1571 oder 1573. Fest steht nur, dass er auf den Namen Michelangelo Merisi getauft wurde und den Ortsnamen als seinen Künstlernamen annahm.

Sein Vater, Baumeister des Fürsten von Caravaggio, stirbt an der Pest, als der Junge fünf Jahre alt ist, seine Mutter verliert er mit elf. Er wächst in der Mailänder Werkstatt des Malers Peterzano auf, ein Maler des späten lombardischen Manierismus. Mit 20 kommt er nach Rom. Völlig mittellos. Aber er kann malen.

Wie sein Biograf vermeldet, findet er zwar Unterkunft bei einem Prälaten, aber das Essen sei ihm zu bescheiden. Besser trifft er es bei dem kunstsinnigen und einflussreichen Kardinal Francesco Maria Bourbon Del Monte. Er darf in dessen Palazzo Madama logieren und auch für andere Auftraggeber arbeiten. Schnell spricht sich seine Kunst herum. Er arbeitet für sechs der 18 Mitglieder der apostolischen Kammer und für Kardinal Scipione Borghese, Begründer der Villa Borghese. Er scheint ein gemachter Mann.

Doch sein cholerischer Charakter bringt ihm viel Ärger ein. Er gilt als Raufbold und exzessiver Trinker. Er wird in Skandale und Prozesse verwickelt. Sein ausschweifender Lebensstil lässt die Gerüchteküche brodeln. Man munkelt, er sei homosexuell oder bisexuell und habe pädophile Neigungen zu Knaben. Es heißt sogar, er habe eine tote Prostituierte aus dem Tiber gezogen, um sie als Modell für sein Bild „Marientod" zu benützen.

Caravaggios Modelle erwecken immer wieder Aufsehen. Er malt androgyne Jünglinge und stadtbekannte Dirnen, die wiederum biblische Frauengestalten darstellen. Dokumentiert sind seine Beziehungen zu Prostituierten, namentlich zu Lena und zu Fillide Melandroni. Aus seiner zwanzigjährigen Schaffensperiode sind 67 eigenhändige Gemälde zu identifizieren und weitere 21, die ihm zugeschrieben werden.

Anlässlich eines Straßenfestes verletzt er den Sohn eines Kommandanten so schwer, dass dieser stirbt. Caravaggio wird in Abwesenheit zum Tode verurteilt.

Er flieht auf das Landgut des Fürsten Marzio Colonna in den Albaner Bergen; dann nach Malta und Sizilien. Es zieht ihn zurück nach Neapel, wo er erneut für hochrangige Auftraggeber malt. Er wird überfallen und trägt eine schwere Gesichtsverletzung davon. 1610 will er, auf einen Gnadenakt hoffend, nach Rom zurück kehren. Doch er stirbt unterwegs im toskanischen Porto Ercole, noch nicht einmal neununddreißigjährig. Man vermutet an Malaria. Angeblich habe er im Sand einer dieser Strände am 18. Juli 1610 fiebernd, einsam und verzweifelt sein Leben ausgehaucht.

Die französische Nationalkirche

San Luigi die Francesi

nahe der Piazza Navona wurde zwischen 1518 und 1589 errichtet und dem Heiligen König Ludwig IX. von Frankreich geweiht. Hausherren sind die Erzbischöfe von Paris.

Die Kirche beherbergt die Contarelli-Kapelle mit drei Gemälden von Caravaggio. „Die Berufung des Matthäus", „Das Martyrium des

Evangelisten Matthäus" und „Die Niederschrift des Evangeliums mit den Engeln".

Es sind Bilder, die man nicht nur einfach anschauen und abhaken kann. Man muss sie erfühlen und tief innen spüren. Das ist der Vorteil dieser kompetent geführten Reise, dass man nicht nur von Ort zu Ort gebracht wird, sondern gleichsam Anleitung erhält, diese weltberühmten Bilder auch kunsthistorisch zu verstehen und zu erleben. Wir könnten Evas Ausführungen hier schlicht abschreiben. Aber das wäre ein müder Abklatsch, so als würde man versuchen, eine Speisenfolge detailliert in Herstellung, Geschmack, Geruch und Haptik zu beschreiben. Wer von uns wüsste schon, dass sich Caravaggio auf dem Bild „Martyrium" als Zuschauer der Szene selbst verewigt hat? Und wer wüsste, dass diese Bilder eine zweite Variante sind, weil die Erstausführung angeblich zu realistisch ausgefallen war und die Gemüter erzürnte? Man nennt Caravaggio nicht umsonst einen Rebellen, den jungen Wilden des römischen Barock.

Basilika Santo Agostino

Gleich in der Nähe in der ersten Kapelle im linken Seitenschiff der Basilika befindet sich ein weiteres Gemälde von Caravaggio.

Die „Madonna dei Pellegrini", die „Pilgerma-
donna" Auch dafür wurde der Künstler an-

fangs gerügt. Man war schockiert von der Darstellung der Madonna als einfache barfüßige Römerin, die die Gesichtszüge der Prostituierten Lena trägt. In ihrem Arm ein viel zu altes Jesuskind, das in der Optik Lenas unehelichem Sohn entsprach. Hinzu kommt die heruntergerissene Kulisse eines Armenhauses. Und auch die schmutzigen Füße der Hirten, abgearbeiteten Hände und zerschlissene Kleider der Pilger schockierten die einen und faszinierten die anderen.

Caravaggio habe nie vorgezeichnet, hören wir. Restauratoren fanden heraus, dass er immer wieder ganze Teile von Bildern, die ihm nicht gefielen, übermalt habe. Er sei über den Boden gekrochen, um zu prüfen, ob er das Licht richtig eingeschätzt habe. Übrigens: Die Lena erkennen wir noch in anderen Bildern von Caravaggio.

Diebe

Auf dem Heimweg zum Hotel werden Zwei von unseren Leuten im Bus beklaut. Die Masche ist immer gleich. Man wird von anderen Passanten mit Koffern und Taschen in eine Situation der großen Enge bedrängt. Ich sah eine Frau, die sich mit ihrem großen Koffer durch den Mittelgang des Busses schob, während Bernhard und ich Sitzplätze ergattert hatten.

Eine andere trug einen Babykorb auf ihren Armen und wühlte sich ebenfalls vom hinteren Einstieg durch den Mittelgang zum mittleren Ausstieg und sprang an der nächsten Haltestelle wieder heraus. In beiden Fällen ist die Geldbörse verschwunden, aus der Reißverschlusstasche einer Cargohose sogar der Ausweis. Der Reisepass ist - Gott sei Dank - noch im Hotel. Der Zweite, Richard aus Hamburg, kommt überhaupt nicht aus dem Bus heraus, so eng ist es. Er musste notgedrungen eine ganze Station weiterfahren und merkt erst beim Ausssteigen, an welcher Stelle der Hose er leichter ist. Eva läuft ihm entgegen, um ihm den Weg zum Hotel zu zeigen.

Tag 4 (Dienstag)

Am nächsten Morgen dreht sich das Frühstücksgespräch natürlich um die Klaugeschichten. Zurück zum Zimmer kommt uns auf der Treppe Angelika hektisch entgegen. Sie hat im Frühstücksraum ihre Handtasche am Stuhl hängen lassen. Wir feixen. Gestern noch hat sie ihren beklauten Mann mit Vorwürfen überschüttet. Jetzt sind sie also quitt. Ihre Handtasche ist noch da.

Trastevere – Eine eigene kleine Welt

Wir marschieren los, zum nahen Marcello-Theater, vorbei an der Synagoge und über die

Tiber-Brücke in den Stadtteil Trastevere. Der liegt außerhalb der ursprünglichen römischen Stadtmauern. Hier siedelten die Arbeiter, die vom Tiber lebten: Schiffsleute, Fischer sowie Immigranten und Juden. Unter dem ersten römischen Kaiser Augustus (63 v. Chr. bis 14 n. Chr./ Alleinherrscher des Römischen Reiches), wird dieser Stadtteil als 14. Stadtbezirk zusammen mit dem Vatikanischen Hügel nach Rom eingemeindet. Es entstehen exklusive römische Villen wie die Villa der Clodia und die von Gajus Julius Cäsar. Man nimmt sogar an, dass Cleopatra hier lebte.

Trotzdem blieb Trastevere auch im Mittelalter ein Arbeiterviertel mit einem Labyrinth von schmalen Gassen und engen gepflasterten Straßen, durch die heute oft kein Auto passt. Es gilt zurzeit als das angesagteste Viertel Roms zum Ausgehen. In den sanierten Wohnungen zwischen alten Handwerkbetrieben und Lebensmittellädchen wohnen immer häufiger betuchte ausländische Wahlrömer. Vor allem rund um die Piazza di Santa Maria tobt das abendliche Leben, mischen sich Touristen und Einheimischen in den Pups und heimeligen Restaurants.

Internationales Ansehen erwarb sich die christliche Gemeinschaft Sant' Egidio, die schon mehrmals für den Friedensnobelpreis vorgeschlagen war. Unter anderem wurde auf ihr Betreiben 1992 der Friedensvertrag von Mosambik geschlossen. Jedes Jahr organisiert die Gemeinschaft Festessen für Arme.

Santa Maria in Trastevere

Roms älteste Marienkirche verspricht eine Reise durch viele Kunstepochen, von den heidnischen bis zu den christlichen. Zahlreiche Legenden winden sich um den, auf einer heiligen, ölhaltigen Quelle im 4. Jahrhundert errichteten Bau. Heute vermutet man vulkanische Tätigkeit. Von den jüdischen Anwohnern wurde das als Zeichen des mit Öl gesalbten Messias, später als Ankunft Christi gedeutet. Wunderschön der romanische Campanile.

Im Inneren und an den Fassaden erzählen Mosaike die Geschichte der Jungfrau Maria, von Pietro Cavallini 1291 in Szene gesetzt, der sich auch im Petersdom verewigte. Er führte auch den Kosmaten-Teppich aus. Die Apsis aus 1295 verkündet mit ihren goldgrundigen Mosaiken gestalterisch den Aufbruch in die Moderne, Anfänge von Renaissance. Antike Säulen, vermutlich aus den Caracalla-Thermen, teilen die drei Kirchenschiffe.

Spezialitäten

Am Hauptmarkt machen wir Halt an einem Spezialitätenstand mit Käse, Wurst, Schinken, Oliven und was so alles auf einen italienischen Feinkostmarkt gehört. Wir erhalten Probierstückchen, auch ein Schlückchen Wein und

kaufen auch brav ein. Die Geschichte über die Marktbeschicker klingt glaubwürdig.

Als vor einigen Jahren immer mehr Industrieprodukte auf den Markt gekommen seien, hätten sie sich bewusst auf handwerkliche Hersteller konzentriert. Deren Produkte seien zwar etwas teurer als die industrielle Ware, aber auch ursprünglicher und natürlicher. Die Kunden hätten diese Einstellung honoriert. Und nur so habe man überleben können.

Wir kaufen zwei Würste und wollen sie zuhause unseren Haushütern und Blumengießern verschenken. Man hat sie uns extra vakuumiert, damit nichts passiert; außerdem sind es Salami, also getrocknet und haltbar. Erst zuhause sehen wir, dass zumindest die größere der Würste doch ein industrielles Produkt ist; zudem im Datum abgelaufen, anscheinend völlig überaltert und schmierig, so dass wir sie nur noch wegwerfen können. Also Beschiss. Die dachten wohl, bis wir das merken, sind wir schon lange wieder in Deutschland und können nicht reklamieren. Eva haben wir das jedoch mitgeteilt; denn sie schien mit den Inhabern befreundet zu sein.

Wir kehren zurück über den Tiber, nun auf der Brücke Ponte Sisto, die einen schönen Blick auf die Stadt und den Petersdom erlaubt. Die Renaissancestraße Via Giulia winkt mit einem prächtigen Torbogen. Eine Bourbonen-Lilie erinnert uns an den heimischen Fußball-Club in Darmstadt. Wir werden das Foto mal der Tageszeitung schicken.

Die Via Giulia war schon in der Antike eine der ersten geraden Straßen Roms. Papst Julius II. ließ für die Prachtstraße vom Hofarchitekten Bramante eine regelrechte Schneise durch das mittelalterliche Gewirr von Gassen schlagen, um so eine Verbindung zwischen Kapitol und dem Vatikan zu schaffen.

Palazzo Farnese

Er ist Roms letzter und größter Renaissance-Palast. Ein richtiger Kasten, schon immer „Der Würfel" genannt. Erbaut wurde er in 60 Jahren bis 1589 für Kardinal Alessandro Farnese, dem späteren Papst Paul III. Auch Michelangelo wirkte daran mit, in dem er den großen Marmorbalkon entwarf sowie den mächtigen Rahmen, dessen plastisches Relief dem gesamten Gebäude Leben verleiht und sein perfektes Gleichgewicht herstellt. Der dreigeschossige Palast gilt als Krönung der Renaissance-Baukunst. Die wirklichen Ausmaße können wir nur erahnen; denn von unserm Standort, dem Campio Fiori, sehen wir praktisch nur den Vorplatz. Zu besichtigen ist er nicht, denn darin residiert seit über 100 Jahren die französische Botschaft, noch immer mit einem 99jährigen Pachtvertrag.

Campo di Fiori

Der Kräutermarkt, auf dem nicht nur Kräuter, sondern auch Gemüse, Blumen und Gewürze angeboten werden, heißt auf Deutsch „Blumenfeld". Viele denken, der Markt hieße so, weil er Nachfolger des Blumenmarktes auf der Piazza Navona sei, der 1869 geschlossen wurde. Eva meint, da wird viel herumgedeutelt mit dem Namen. In Wahrheit rühre der Name von dem ursprünglichen Feld mit vielen Blumen im Mittelalter her, auf dem Römer einen Pferdemarkt anlegten. Wir sind überzeugt, Evas Variante ist die richtige.

Am Rande dieses bunten Treibens lassen wir uns einen Espresso schmecken, eigentlich nur, weil wir mal dringend wohin müssen. Dabei hebt ein Expresso an einem so herrlich warmen sonnigen Tag im April und im Freien die Urlaubslaune noch mehr. Als wir später durch die Markstand-Reihen gehen, sogar ein paar Pepperoni für die eigene Zucht erwerben, finden wir mitten auf dem Markt das Standbild des Philosophen Giordano Bruno, der hier am 17. Februar 1600 als Ketzer verbrannt wurde.

Giardano Bruno war italienischer Priester, Dichter, Philosoph und Astronom; eine Mischung, die damals sicher nicht ungefährlich war, vor allem, wenn man den Mund aufmachte. Bruno vertrat die These der Unendlichkeit des Weltraums und für ihn gab es kein Jenseits, keine Schöpfung und auch kein Jüngstes Gericht. Sieben Jahre war er in der Engelsburg gefangen. Er war zwar bereit, einige Dinge zu widerrufen, aber nicht die Existenz des Gottessohnes Christi und des Jüngsten Gerichts. Außerdem hielt er daran fest, dass es viele Welten gebe und nicht nur Rom. Die Inquisition befand ihn deshalb schuldig der Ketzerei und Magie. So endete er auf den Scheiterhaufen. Heute erhebt er sich seine Staue über dem Markt.

Erst 1889, also fast 300 Jahre später, wurde dieses Denkmal aufgestellt, geschaffen von dem Freimaurer-Großmeister und Bildhauer Ettore Ferrari. Die Enthüllung war die steingewordene Antwort auf die am 20. April 1884 veröffentlichte „Enzyklika Humanus genus" des Papstes Leo XIII., in der die Freimaurerei als Zerstörerin des Gottesreichs dargestellt wurde.

Papst Johannes Paul II. erklärte am 12. März 2000, die Hinrichtung Brunos sei aus kirchlicher Sicht als Unrecht zu betrachten.

Piazza Navona

Die Piazza Navona gehört zu den schönsten

Plätzen der Welt. Auf den ersten Blick scheint es, ganz Rom habe sich hier versammelt, um sich vor den Brunnendetails fotografieren zu lassen. Abends soll hier viel los sein. Es ist ein beliebter Treffpunkt auch für die Römer. Dieser riesige langgestreckte Platz liegt auf der Fläche des ehemaligen Stadions (30.000 Zuschauer) Kaiser Domitians (Jahrgang 51 n.Chr.), nebenbei: ein übler Kerl, der sich angeblich die ersten Foltermethoden ausdachte.

Der Vierströme-Brunnen in weißem Marmor mit einem Obelisken in der Mitte gilt als größter Brunnen Roms. Kein geringerer als

Bernnini schuf ihn zwischen 1648 und 1651, freilich unter starker Mithilfe seiner Schüler. Den Auftrag dazu erschleimte er sich bei Donna Olimoia Maidalchini, eine Schwägerin des Papstes Giovanni Battista Pamphilj, mit einem 1,5 Meter hohen, silbernen Brunnenmodell. Vorbilder für die Darstellung der vier Wasseradern, die zugleich vier Kontinente versinnbildlichen, gab es schon in der Antike. Die Donau steht für Europa, der Ganges für Asien, der Nil für Afrika und der Rio della Plata für Amerika. Die genaue Zuordnung erkennt man an den Tieren und Pflanzen. Die kolossalen Figuren von Meeresgöttern skulptierten Berninis Schüler. Der Meister selbst schuf den Löwen, die Meeresbewohner und die Palme. Zwei weitere Brunnen stehen am Ende und Anfang der Piazza: die Fontana del Moro mit einer Bernini-Skulptur des namengebenden Mohren. Der Neptunbrunnen an der Nordseite erhielt sein Aussehen erst im 19. Jahrhundert.

Das Pantheon

Endlich widmen wir uns diesem Gebäude, dessen scheinbar abgeschnittenes Dach wir in den vergangenen Tagen immer wieder über die Dächer Roms lugen sahen. Es gilt als besterhaltenes Bauwerk der Antike, bestehend aus zwei Hauptelementen: einem Vorraum (Pronaos) mit rechteckigem Grundriss und einer Tempelfassade mit 16 Granitsäulen.

Dem schließt sich der kreisrunde, überkuppelte
Zentralbau im Süden an.

Über die Bauweise der Kuppel gibt es eine merk-
würdige Erzählung. Man habe einen großen Erdhügel aufgeworfen und darauf die Kuppel gebaut.
Das Loch in der Kuppel ließ man frei, damit die
Römer angeblich im Erdreich vergrabene Münzen
herausbuddeln konnten. Auf diese Weise wurde
binnen Kurzem der Innenraum unter der Kuppel
vom Erdreich befreit.

Das heutige Gebäude entstand unter Kaiser Hadrian und stammt nur im Ursprung aus 119 bis 125 n.
Chr. Der Vorgängerbau (27 bis 25 v. Chr,) ein Tempel der Agrippina, brannte 80 n.Chr. ab. Er wurde
wieder aufgebaut und brannte 110 erneut ab. Das
Marsfeld, auf dem das Pantheon steht, galt ursprünglich als ein allen Göttern Roms geweihtes
Heiligtum. Welchen Göttern, weiß nicht einmal Eva.

Seit mehr als 1700 Jahren bis 1881 war die Kuppel mit 43 Metern Durchmesser und 43 Metern Höhe die größte der Welt: Bis in die Gegenwart ist sie die größte nicht-bewehrte Betonkuppel. Bis ins 20. Jh. galt sie als Vorbild für westliche Kuppelbaukunst. Schon beim Bau des Petersdoms haderten die diversen Päpste, dass der Durchmesser ihrer Kuppel 1,40 Meter kleiner war als der des „heidnischen Baus". Aber rein statisch ließ sich das in jener Zeit nicht lösen. Die Kassettendecke besteht aus Bronze-Elementen. Papst Urban VIII. aus dem Hause der Barberini, wollte sie ein-schmelzen, um daraus Kanonen und den Bronzebaldachin von St. Peter gießen zu las-sen. Da gingen die Römer aber auf die Barri-kaden. Überliefert und irgendwo noch zu lesen ist der Spruch: „Was die Barbaren nicht schaf-fen, gelang den Barberini".

Die Mauern sind größtenteils aus mit Ziegeln ummauertem Opus caementitium (ein von den Römern im 2. Jahrhundert entwickelter Beton) gebaut und ruhen auf einem 7,30 Meter brei-ten und 4,50 Meter tiefen Ring aus Gussmau-erwerk als Fundament. Am Scheitelpunkt der Kuppel befindet sich eine kreisrunde Öffnung von neun Metern Durchmesser, das Opaion. Außer dem Eingangsportal ist dies die einzige

Lichtquelle im Innenraum. Um hier eindringendes Regenwasser abzuleiten, senkt sich der Boden des Kuppelsaals leicht zum Zentrum und leitet das Regenwasser an strategisch günstigen Stellen in kleine Abflüsse.

Ab der Renaissance diente das Pantheon als

Grabeskirche. Hier ruhen bedeutende Künstlerpersönlichkeiten, unter anderem der Maler Raffael (1483 bis 1520) und viele italienische Könige mit Ausnahme des letzten; Umberto II. Er liegt in der Abtei Hautecombe in Savoyen begraben.

Das Pantheon diente als Vorbild für bedeutende Sakral- und Profanbauten, darunter Schinkels Altes Museum in Berlin und das Kapitol in Washington.

MAXXI

Weiter geht es mit der von der Piazza del Popolo (Endstation der Linie 2) in den nördlich gelegenen Stadtteil Flaminio im Tiber-Knie bis zur Haltestelle Piazza Apollodoro zum Museo nazionale delle arti del XXI secolo, kurz Maxxi genannt. Ein Museum für die Kunst des 21. Jahrhunderts. Die Kunsthalle mit circa 27.000 Quadratmetern Fläche entwarf die irakischen Architektin Zaha Hadid, die für Ihre spektakulären Entwürfe vielmals ausgezeichnet, aber teilweise auch kritisch beurteilt wurde. Sie starb wenige Tage vor unserem Besuch am 31.03.2016.

Wie ein gestrandetes Raumschiff ragt die Halle mit fast freischwebendem Obergeschoss übers Häusermeer. 50 Millionen Euro habe das außergewöhnliche Gebäude mehr gekostet, als die veranschlagten 100 Millionen.

Hadit begann 1999 noch euphorisch mit dem Bau. Doch bis zur Einweihung nach 14 Jahren gab es fünf Regierungswechsel und dadurch fünf Baustops. Zuletzt wurde an allen Ecken und Enden gespart. Viele Details fielen dem Rotstift zum Opfer oder, um fertig zu werden, mit wenig qualifizierten Unternehmen realisiert. Nicht die Architektin, sondern die Regierenden gingen diesen fatalen Weg. Heute wird über Baufälligkeit diskutiert An vielen Stellen bröckelt die Farbe, fallen schlecht eingepasste Verbindungsstellen von Geländern und Treppen auf. Man spricht über Abriss.

Die Innenaufteilung, die schrägen und kurvigen Wände, Rampen und Galerien, kriechende geschwungene Treppen mit durchsichtigen Stufen, ein schier frei schwebendes Treppenhaus, Rampen, Kurven, Wegschnecken und Galerien ist Atem beraubend. Manchmal fragt man sich: Wo vorn, wo hinten ist? Bin ich oben oder schon wieder unten? Eine wahre Achterbahn für die Kunst. Dieses Museum hat keine Vorbilder und man fühlt sich in einer eigenen Welt. Das alles ist erfüllt von den Tönen tropfenden Wassers und hin und herfliegender balzender Vögel, die uns an die Cagarros auf den Azoren erinnern.

„Die Kunsthistorikerin Maike Aden kritisierte vor allem die Abschottung der Architektur Hadids gegenüber der Öffentlichkeit und dem urbanen Leben am Beispiel des Museums MAXXI, das die unmissverständliche Botschaft einer Entdemokratisierung der Kunst in sich trage, die keine niedrigschwellige oder diversifiziertere Öffentlichkeitsarbeit je aufzufangen in der Lage sei. Lina Weissmüller bemerkte in der Süddeutschen Zeitung, Zaha Hadid habe sich nicht einschränken lassen wollen und eine Formensprache entwickelt, die so deutlich war, „dass diese irgendwann die Funktion überdeckte – und den Ort, wo das Gebäude stand." Quelle: Wikipedia

Santa Maria del Popolo

Wir fahren mit der gleichen Straßenbahn zurück zur Piazza del Popolo und besuchen die Kirche Santa Maria del Popolo. Hauptgrund für unseren Besuch sind drei Caravaggio-Gemälde. In der linken Querhauskapelle, der Cerasi-Kapelle, finden wir die „Kreuzigung des Petrus". Mit den

Füßen nach oben, als einen von Todesängsten entstellten, durch den bevorstehenden Tod entwürdigten alten Mann. „Die Bekehrung des Saulus", der einstige Christenverfolger, erfährt auf seinem Weg nach Damaskus seine Lektion: Er vernimmt die Stimme Jesus, stürzt vom Pferd und liegt hilflos erblindet auf dem Boden. Die „Bekehrung des Paulus" musste Caravaggio angeblich ein zweites Mal malen, weil in der ersten Fassung Jesu zu menschlich erschien. Caravaggio rächte sich, in dem er in der zweiten Fassung Jesu nur noch als Strahlenbündel darstellte.

Durch ein Stadttor, durch das angeblich Goethe erstmals Rom betrat, treffen auf die Piazza del Popolo. Hier treffen sich drei Straßen wie ein Dreizack am Obelisken. Auf seinen Stufen machen wir erst einmal ein Päuschen.

Wir folgen der Via del Corso, die mittlere der drei Straßen. gleich am Beginn treffen wir auf einen, seit Kurzem berühmten Optikerladen. Papst Franziskus sich dort seine Brille richten.

Hier in den Straßen um die Piazza wohnten einst berühmte Filmstars, zum Beispiel Anita Ekberg und Marcello Mastroiani und in der nahen Via Margitta Nr. 110 (angeblich schönste Straße Roms) der Regisseur Fellini mit seiner Frau Giuletta Massina. Auch Ingeborg Bachmann habe hier mit Max Frisch und Picasso im heutigen Künstlerstudio „Red Valentino" gewohnt.

Eva zeigt uns die Spanische Treppe, die über 135 Stufen den unteren mit dem oberen Stadtteil verbindet. Sie wird gerade renoviert. Hier werden wir uns am Mittwochmittag zum Gang in den Park der Villa Borghese treffen.

Auf der Via Condotti mit den teuersten Geschäften Roms pulsiert das Leben. Wir haben gar keine Zeit zum Shoppen oder auf einen Espresso ins berühmte Cafe Greco. Denn wir fahren mit dem Bus 85 (der 51 ginge auch sagt Eva) bis zur Säule von Marc Aurel. Von dort ist es nicht weit zu Fuß zu unserem Hotel.

Weinprobe

Den Gewölbekeller, in dem wir sonst frühstücken, haben dienstbare Geister für eine Weinprobe vorbereitet.

Sommelier Luca Cristaldi berichtet stolz, dass es in Italien 350 verschiedene Trauben gebe. In Frankreich seien es nur 40. In allen italienischen Regionen werde Wein produziert. Wir beginnen mit „Franciacorte Brut Monogram", ein Perlwein nach der Methode Champagner aus der lombardischen Region Franciacorte. Vor uns steht je ein Teller, auf dem verschiedene Käse- und Schinkenhäppchen im Uhrzeigersinn angeordnet sind, unter anderem auch Schinken vom Schwarzen Schwein. Wir erhalten genaue Anweisungen, welches Häppchen wir zu welchem Wein essen sollen und warum. Eine Super-Idee, die unser aller Zustimmung findet. Mal etwas anderes, als immer nur Wasser und trocken Brot.

Als weitere Weine probieren wir Frascati Superiore Santa Teresa Fontana Candida, ein Valpolicella classico superiore ripasso Le Poiane Bolla, südlich von Rom und als Abschluss ein Moscatello Passito Castello Monaci. Gottseidank animiert uns niemand zum Kaufen; denn das wäre eine Frage des Transports. Was aber bleibt, ist Freude und Neugierde über die Vielfalt italienischer Weine, die wir bisher doch ziemlich hart und unwissend in Monte Pulcciano, Frascati, Chianti einteilten. Schuld daran ist sicher der deutsche Einzelhandel, der diese Gewächse gerne als Billig-Billig-Varianten feil hält. Wir persönlich haben zumindest ein paar gute Sizilianer zuhause. Okay, von Aldi. Zugegeben: Wir bevorzugen Cabernet Sauvignon aus Californien und Südafrika, Merlot aus Frankreich und der Schweiz, Dornfelder aus der Pfalz, Regent aus Franken und unserem Nachbarort Groß-Umstadt sowie Blauen Zweigelt aus Österreich.

Nur mit heiligem Schwur, die beiden Rotweingläser beim nächsten Frühstück wieder zurück zu bringen, dürfen wir sie für diesen Abend mit auf unser Zimmer nehmen, um unseren Gutenacht-Schluck nicht aus Zahngläsern trinken zu müssen. Anscheinend gehören die Gläser für die Weinprobe und die Gläser für den morgendlichen Orangensaft zwei völlig unterschiedlichen Companies.

Bei dem anschließenden Bummel durchs Monti – es ist ja noch nicht einmal 20 Uhr gabeln wir unterwegs zwei unserer alleine reisenden Damen auf. Irgendwie verspüren wir trotz Schinken- und Käsehappen noch ein wenig Appetit. Leider treffen wir in dem Restaurant, mit dem wir am Vortag zufrieden waren, heute auf desinteressierten Service. Wir warten lange, erhalten den falschen Wein. Das Essen schmeckt so-so- la- la. Aber wir Vier sind uns selbst genug, um den Abend gut unterhalten zu verbringen.

Tag 5 (Mittwoch)

Der April-Tag begrüßt uns wieder mit wunderschönem Sonnenschein. Haben wir das verdient? Selbst Eva betont immer wieder, dass vor unserem Eintreffen richtiges Mistwetter gewesen sei. Ja, wenn Engel reisen.

Wirklich unerfreulich war das Brot auf unserem Frühstücksbuffet: knochentrocken, höchstens zum Knabbern geeignet, aber nicht, um Butter darauf zu verstreichen und eventuell Salami oder Käse darauf zu legen. Der Kaffee ist kein Kaffee, sondern hellbraunes Wasser. Wir haben inzwischen auch bemerkt, warum das so ist. Der Frühstücksboy kippt lediglich Wasser auf das vermutlich schon zigmal gefilterte Kaffeemehl der Kaffeemaschine, anstatt neues Kaffeemehl einzufüllen. Ich denke, ich bin im falschen Film. Da der Boy aber nur ein bisschen Englisch und nicht Deutsch kann, wollen wir Eva bitten, das zu klären. Einige von uns bestellen sich nun Espresso. Das funktioniert. Bernhard trinkt sowieso Tee.

Romgerechte Schuhe

Eines muss ich zu Rom aber unbedingt empfehlen. Wer Probleme mit den Füßen oder Sprunggelenken, vielleicht sogar mit den Knien hat, sollte sich unbedingt mit gutgefederten Joggingschuhen ausstatten. Ich möchte in Rom zwar nicht unbedingt Auto fahren, auch nicht mit den sehr häufigen Rollern durch die Gegend kurven. Aber zu Fuß erst merkt man sehr schnell, was man seinem Körper antut. Das liegt an der – vermutlich an vielen Stellen antiken - Straßenbepflasterung. Sie ist so etwas von unegal, schief und buckelig verlegt und vermutlich im Laufe der Jahrzehnte, vielleicht sogar Jahrhunderten in Höhe und Abstand so geworden, dass das Sprunggelenk oder Knie bei jedem Schritt eine andere Balanceübung zu erbringen haben. Das ist Gift für ein Gelenk, das eigentlich geschont werden möchte, wie das meine.

Man liest es zwischen den Zeilen: Ich hatte mit meiner Arthrose im Sprunggelenk – die ich im Alltag bestens beherrsche und sogar drei Mal die Woche jogge - erhebliche Probleme, obwohl ich wirklich sehr bequeme flache Schuhe mit Einlagen trug. Nahezu täglich schluckte ich bereits in den Morgenstunden – oft auch prophylaktisch – eine entzündungshemmende Retard-Tablette. Mit meinen breitaufliegenden Joggingschuhen wäre ich wesentlich besser ausgestattet gewesen.

Nicht auf dem antiken Pflaster sondern ausgerechnet auf der „neuzeitlichen" Treppe einer Metrostation bin ich gestürzt. Beim Hantieren an der Kamera habe ich einen Treppenabsatz übersehen und bin kopfüber nach vorne gestürzt. Das sah nicht nur gefährlich aus, es war auch gefährlich. Wie durch ein Wunder gab es nur ein paar blaue Flecken. Auch die Kamera überlebte diesen Sturz. Während alle sich um mich besorgt bemühten, kam von meinem Mann die zwar erschreckte aber unmögliche Frage:"Was machst du denn da???" Dazu kein Kommentar von mir.

Also noch einmal von Anfang an: Toller Tag. Wir gehen zu Fuß zum Kolosseum und nehmen dort den Bus 117 zur Spanischen Treppe. Weil wir uns hier erst um 14 Uhr treffen, schlendern wir also über die Via del Corso, die Prachtstraße, die zur Piazza del Popolo führt. Ihren Namen (Corso = Rennbahn) hat sie von früheren Wettrennen zu Fuß und mit Pferden, die zwischen Piazza del Popolo und Piazza Venezia (Schreibmaschine) ausgetragen wurden. Immerhin 1,7 schnurgerade Kilometer. Im oberen, verkehrsberuhigten Teil, lockt eine Fußgängerzone mit verführerischen Modegeschäften. Unser Ziel war aber ein besonderes:

Casa di Goethe – das Goethehaus

Via del Corso 18. Am Vortag waren wir mit der Gruppe hier schon vorbeigekommen und hatten die Leiterin der Öffentlichkeitsarbeit, Dorothee, am Fenster winken gesehen. In ihrer Privatwohnung werden wir unseren Abschiedsabend begehen.

In dem Haus, das sich wenig von den Nachbarhäusern unterscheidet, wohnte Goethe von

1786 bis 1788 bei seinem Freund, dem Maler Johann Heinrich Wilhelm Tischbein, auch Goethe-Tischbein genannt.

Den Sohn eines Klosterschreiners, der von seinem Onkel Johann Jacob Tischbein das Malen lernte, zog es früh nach Italien. Ein Stipendium

der Kasseler Akademie ermöglichte ihm 1779 einen ersten Aufenthalt in Rom. Als ihm das Geld ausging, brach er seinen Rom-Aufenthalt ab. Nachdem ihm aber ein weiteres Stipendium bewilligt worden war, freundete er sich bei seinem zweiten Rom-Aufenthalt mit dem inkognito reisenden Goethe an. 1786 entstand das berühmte Gemälde Tischbeins „ Goethe in der Campagna". Es hängt heute im Frankfurter Städel.

Bei unserem Besuch gibt es im ersten Stock eine Fotoausstellung von Barbara Klemm, uns im Rhein-Main-Gebiet bekannt als vielfach ausgezeichnete Fotografin der Frankfurter Allgemeinen Zeitung. Das Thema: Foto und Malerei. Motive, die Goethe als Skizzen und Tuschezeichnungen von seinen Reisen mitgebracht hatte, neu fotografiert von Barbara Klemm. Ähnliche Installationen, die einen Bezug zu Italien und Deutschland herstellen, sind auch für die Zukunft zu vermuten. Was sicher langfristig zu sehen sein wird, sind Tischbeins Zeichnungen direkt auf die Wand, unter anderem „das verfluchte zweite Kissen", eine Wortspielerei mit Küssen. Wie zu erfahren war, gab Tischbein Goethe Zeichenunterricht, unter anderem auf einer mehrmonatigen gemeinsamen Reise nach Neapel und Sizilien. Der Gipsabdruck des Junos Kopfes gehört zu den Römischen Scherzen, ebenso wie Zeichnungen von Goethe beim Betten machen.

Bei unserem Besuch treffen wir eine Schulklasse heranwachsender junger Damen, die zum Teil gut Deutsch sprechen. Sie erzählen, dass sie aus Neapel kommen und dort auch Deutsch lernen. Beim Versuch, sich selbst als ganze Rasselband mit einem Handy fotografieren zu wollen, bieten wir uns an, ihnen eine scharfe Aufnahme mit der Spiegelreflexkamera zu machen und in ein paar Tagen per E-Mail zu schicken. Sie bedanken sich überschwänglich, wollen gleich bezahlen, was wir natürlich nicht annehmen.

Das Goethehaus ist das einzige deutsche Museum im Ausland und wird vom Arbeitskreis selbständiger Kultur-Institute (AsKI) getragen.

Wir suchen uns ein nettes Restaurant mit Außentischen in einer sonnengeschützten Gasse und bestellen Pasta, Fisch und Wein. Den Espresso müssen wir ungetrunken stehen lassen, weil wir die Zeit verquatscht haben. Und auf die Toiletten wollen wir auch noch. Wer weiß, wann sich dazu wieder Gelegenheit bietet im Park der Villa Borghese?

Spanische Treppe

Alle sind pünktlich. 14.00 Uhr. Wir treffen uns am Fuß der Spanische Treppe, wo die Fontana della Barcaccia (Bernini, 1628 bis 1629) Trinkwasser sprudelt. Die Kahn-Form des Brunnens gehe angeblich zurück auf eine Tiber-Überschwemmung, die einen Kahn angeblich bis hierher getragen habe. Nach dem Zurückweichen der Flut sei der Kahn hier liegen geblieben.

Alljährlich am 8. Dezember kommt übrigens der Papst hierher, um an der Mariensäule Blumen niederzulegen. Die Säule wurde 1854 errichtet, zum Gedenken der Verkündigung des Dogmas der Unbefleckten Empfängnis.

Leider bietet sich die Treppe für uns überhaupt nicht fotogen, weil sie gerade renoviert wird. Sie ist der beliebteste Treffpunkt Roms, nicht nur für Touristen. Für die jungen Römerinnen und Römer besitzt sie enormen Flirt-Appeal. 1723 erbaut als Verbindung von der Kirche Santa Trinita der Monti hinunter zur Piazza de Spagna, erhielt sie ihren Namen von der in der Nähe liegenden Spanischen Botschaft. Ursprünglich gab es da nur einen bewachsenen Hang, den man mehr recht als schlecht herunterklettern konnte.

Die Treppe beginnt mit einem zentralen Aufgang und zwei parallelen seitlichen Läufen. Alle drei treffen nach einem Drittel der Steigung auf einer ersten Terrasse, um sich dann wieder zu trennen und die zweite Terrassenmauer zu umfließen. Es folgt ein sich verengender zentraler Aufgang, der sich vor der letzten Terrassenmauer wieder teilt und endlich zur Kirche führt.

Die Wirkung der Treppe wird noch verstärkt, weil einige der Treppenstufen konvex und andere konkav verlaufen. 138 Stufen überwinden einen Höhenunterschied von 23 Metern. Bei einer Länge von 68 Metern und überspannt sie in der oberen zweigeteilten Bereich 52 Meter Breite. Wir aber steigen – ziemlich anstrengend – vorbei an eingeschalten Baufragmenten; die ebenfalls berühmten Blumenkübel hat man zur Seite geschoben.

Auf dem Weg zur Villa Borghese pausieren wir noch für ein Gruppenfoto auf der Aussichtsterrasse des Pincio auf dem gleichnamigen Monte. Sie ist eine der größten Terrassen Roms mit einem weiten Blick auf seine Kirchen und Paläste.

Marco Lodoli beschrieb, wie hier Generationen von Verliebten und Verlobten bei ihren Spaziergängen um die Wasseruhr von Giambattista Embricao Quiz mit den vielen Büsten berühmter Männer spielten. So viele schöne Köpfe aus Stein und ein Wettkampf, wer die meisten Namen kennt. Im Winter wird hier immer eine Eisbahn angelegt und eine Kunstschnee-Halfpipe. Auf dem Gruppenfoto stellen wir später fest, dass von den Kuppeln eigentlich nur der Petersdom herausragt; den Rest der Silhouette verdecken wir 15 Gestalten. Wir hätten alle in die Hocke gehen müssen oder Eva auf eine Leiter.

Wir nützen die Gelegenheit, in der ausnahmsweise mal nichts Kulturhistorisches zu erklären ist, um Eva von unserem Frühstück zu erzählen. Sie telefoniert mit dem Hotelbesitzer und vermeldet, er habe wie jeden Morgen frisches Brot gekauft. Das sei eben anderen Brot als bei uns zuhause, versucht sie zu relativieren. Plötzlich explodiert Eva förmlich, dass sie nicht für das Catering zuständig sei und wir gefälligst selbst reklamieren sollten, wenn uns etwas nicht passt. Erschreckt ziehen wir uns zurück und halten den Mund. Was war das denn? Ab da reden wir nur noch übers Frühstück, wenn Eva nicht in der Nähe ist. Wir fragen herum, wer von uns italienisch kann? Niemand. Also nehmen wir das so hin. Erst später im Hotel stellt sich heraus, dass der Bedienstete fürs Frühstück das frische Brot übersehen und uns das alte hingestellt habe. Und das gleich zwei Mal.

Die Borgheses

Scipione Borghese, der Erbauer der Villa mit Park, hieß eigentlich Caffarelli. Er wurde von seinem Onkel, Camillo Borghese, der 1605 als Papst Paul V. in die Geschichte einging, adoptiert, erhielt dadurch den Namen Borghese. Der Papst wiederum berief Scipione zum Kardinal und machte ihn zum Leiter der Regierung des Vatikans. Im Kirchenitalienisch heißt das Nepotismus. Auf gut Deutsch: Vetternwirtschaft.

Anfang des 17. Jahrhundert ließ Scipione Borghese, durch den Onkel zu Reichtum gekommen, den 80 Hektar großen Park im Barockstil anlegen. Ende des 18. Jahrhunderts wurde der Park erweitert und zum Englischen Garten umgestaltet. Übrigens: Villa bedeutet im Italienischen nicht Gebäude, sondern Garten.

Die Villa Borghese ist der bekannteste Park der Altstadt. Mit den ersten Sonnenstrahlen zieht es die Römer hierhin. Der Frühling ist berühnt für die Magnolienblüte. Es gibt unzählige kleine Seen, Statuen, Tempelchen, Grotten und Brunnen.

1902 wurde die Villa Borghese der Stadt Rom geschenkt. Sie restaurierte die Parkanlagen, baute mit dem Casa del Cinema den modernsten Kinosaal Italiens, hauptsächlich für Events des italienischen Filmfestes. Ebenfalls entstanden das Globe Theatre, ein Nachbau des Theatertempels der Shakespeare-Zeit und ein kleiner Zoo.

Die Kunst der Borghese

Weil Scipione Borghese aber auch einen Platz für seine damals schon beträchtliche Kunstsammlung benötigte, er war einer der bedeutendsten Förderer von Bernini und Caravaggio, ließ er das sogenannte Casino erbauen, die heutige Villa Borghese, die wir nun besuchen. Es ist klar, dass man nicht alles besehen kann, was sich hier bietet. Das würde unser Auffassungsvermögen sprengen. Gerne vertrauen wir uns wieder Eva an, die ganz bestimmte und besonders beeindruckende Kunstwerke für uns vorselektiert hat:

„Die Grablegung Christi" von Raffael, „Venus und Amor" von Cranach, „Die Himmlische und die irdische Liebe" von Tizian, „Portrait eines Mannes" von Antonello da Messina,

104

„Das Bad der Diana" von Domenico Zampieri. Caravaggio „David und Goliath" und eine Jungfrau Maria, die mal wieder mit dem Gesicht seiner Freundin Lena daher kommt. Die Bernini-Skulpturen: „David mit der Schleuder" (Seite 104), „Apoll und Daphne", „Pluto raubt Prosperpina". „Äeneas – Held von Troja", die Bernini mit Vater Äeneas auf der Schulter gemeißelt hat.

Beeindruckt und erschlagen von so viel Schönheit, Gefühlen und Wissen über die Umstände jener Kunstwerke, verlassen wir die Galerie. Wir sind alle keine Kunsthistoriker oder Kunstkenner, begreifen aber das Genie jener Künstler und kehren mit der Linie 61 zurück zur Piazza Venezia, wo die weiße „Schreibmaschine" in der Abendsonne leuchtet. Der Platz ist abgesperrt, weil am nächsten Tag, 21. April, Rom sein Stadtfest begeht.

Ein kleiner Umtrunk auf unserer Dachterrasse fördert Grüppchenbildung. Die meisten sind müde und erschlagen von den Eindrücken und wollen früh schlafen gehen. Uns bringt der abendliche Ausflug in die Gassenfluchten von Monti zur Ruhe. Das Töfftöff der Roller um uns herum stört nicht. Es sind viel junge Leute unterwegs. Die Kellner werben, um die vorbeischlendernden Touristen in ihre Straßenre-

staurants zu lotsen. Wie überall im Süden. Es
ist noch keine Saison. Man muss sehen, wo
man bleibt. Wir sind erfüllt von den Eindrücken des heutigen Tags. Sie lassen sich von
uns kunsthistorischen Laien nicht in Worte
fassen. Wiederkommen, das fühlen wir, wir
müssen wiederkommen.

Tag 6 (Donnerstag)

Dicke fette Möwen umkreisen die Säulen und
Ruinen vor unserem Hotel.

Zum ersten Mal ist unser Frühstückskaffee ge-
nießbar. Der Chef persönlich ist anwesend, um
dem Boy – eine Art Glööckler-Verschnitt – zu
zeigen, dass man für jeden Kaffee-Aufguss
neues Kaffeemehl nachladen muss. Das Brot
ist endlich wieder frisch und von zarter Kruste.
Neue Kuchen in der alten Art Linzer Torte,
nur andere Marmeladenfarbe, Ananas, Erdbeeren, Melone hübsch angerichtet auf dem
Piano. Blätterteig-Teilchen. Bernhards Teesorte
Schwarztee geht zur Neige. Der Teebeutel-
Kasten ist zwar noch voll, aber mit Sorten, die
er nicht mag; alles irgendwie künstlich aroma-
tisiert. Die Eier werden anscheinend am
Abend gekocht und im Kühlschrank aufbe-
wahrt; denn sie sind kalt und hart. Wir möch-
ten nicht herummäkeln, wenngleich dies keine
Preiswert-Reise ist.

Tivoli

Um die Ecke wartet ein kleiner Bus auf uns. Fahrer Pierre-Francesco kutschiert auf einer breiten Autobahn aus der Stadt, 35 Kilometer östlich von Rom nach Tivoli, am Übergang zu den Abruzzen. Tatsächlich gilt der Name der rund 56.000 Einwohner zählenden Stadt als Synonym für Vergnügungsparks in aller Welt. Der antike Name Tibur bezeichnet die ehemalige Sommerfrische der römischen Kaiser und Kirchenfürsten. Wie wasserreich diese Gegend ist, werden wir spätestens in der Villa Este beeindruckend sehen. Über zahlreiche Wasserleitungen, die typischen römischen brückenähnlichen Aquädukte, wurde von hier aus unter anderem auch Rom beliefert.

Tivoli an sich erscheint auf den ersten Blick nicht auffallend, ein- bis dreistöckige Häuser, Reklametafeln, ein paar Lädchen. Eigentlich austauschbar, wenn man nur durchfährt. Auch heute noch bauen sich wohlhabende Römer Villen für die heiße Sommerzeit, weil hier an den tiburtinischen Hügeln immer ein frisches Lüftchen weht. Etwa 22 Grad an einem ausgesprochen heißen Apriltag lassen sich aber gut aushalten. In Rom würden wir wohl schmachtend von Eisdiele zu Eisdiele ziehen. Nun also erleben wir Geschichte. Antike. Mittelalter. Barock. Renaissance.

Hadriansvilla

Als Highlight des heutigen Tages gilt erst einmal die Anlage von Kaiser Hadrian (117 bis 138), auch Villa Adriana genannt. Wir erinnern uns: Villa auf Italienisch heißt nicht Villa, sondern Garten. Der Kaiser ließ sich hier auf einem angeheirateten Grundstück seiner Frau eine herrschaftliche Residenz erbauen. Der erste Eindruck hinter dem Parkplatz gilt einem von Zypressen und einer Rosmarinhecke eingerahmten viereckigen Wasserbecken mit kleinen

Schildkröten. Die Römer liebten schon immer das Wasser, auch wenn sie nicht schwimmen konnten. Lorbeerbäume sind wie Säulen gestutzt. Wir sind jedoch erst im Vorhof der einst gigantischen Anlage, in der bis zu 20.000 Menschen lebten und arbeiteten. Neben dem kaiserlichen Palast gab es zahlreiche Gästehäuser und Zweckbauten für die Bediensteten, Unterkünfte für die Leibwache und für Sklaven und natürlich Bibliotheken, Theater, Tempel, Gärten zum Lustwandeln und schwefelhaltige Thermen, die noch heute benutzt werden.

Das Gelände der Hadriansvilla umfasste vermutlich 120 Hektar an bebautem Gebiet und Grünflächen. Zugegeben: Heute stehen wir vor antiken Ruinen, durch die wir ohne Eva gedankenlos streifen und klettern würden. Schautafeln erklären zwar die ehemaligen Grundrisse und Bedeutungen der einstigen Gebäude, aber unter Evas Erzählungen beginnen die Steinreste zu leben, wir erahnen ihre ursprüngliche Gestalt und nehmen Anteil an der frühchristlichen Zeit.

Hadrian und Antinoo

Da ist die Geschichte des Kaisers und seinem knabenhaften Begleiter, dem Jüngling Antinoo, der auf einer der vielen Reisen in Ägypten unter mysteriösen Umständen ums Leben kam. Legenden erzählen Unterschiedliches. Die einen sagen, es sei ein Unfall gewesen. Andere Historiker glauben zu wissen, dass sich Antinoo absichtlich in den Kanal von Canopos gestürzt habe, um mit seinem Freitod dem Kaiser ein langes und glückliches Leben zu sichern. Wieder andere wollen wissen, dass sich der Jüngling in den Suizid geflüchtet habe, um den sexuellen Gelüsten des Kaisers zu entkommen. Auch eine höfische Intrige, ein absichtlicher Schubs wurde nicht ausgeschlossen. Jedenfalls sei Hadrians Frau Vibia Sabina über den Tod des Nebenbuhlers nicht besonders traurig gewesen.

Der Kaiser jedoch litt wie ein Hund. Um seinen Erinnerungen mit Antinoo nahe zu bleiben, ließ er in seinem Palast viele Landschaften und Gebäude in Miniatur nachbauen, die er mit seinem Lieblingsknaben besucht hatte. Unter anderem auch ein Modell des Canopos-Tals in Ägypten, wo sein Antinoo vor seinen Augen in einem Kanal ertrunken war. Und als Krönung ließ er Antinoo zum Gott erklären.

Wir sehen Reste von Mosaik-Fußböden und einer Gladiatoren-Arena. Unter Evas visionären Ausschmückungen erstehen Gebäude in unserem Köpfen neu: ein griechisches Theater für 500 Zuschauer, ein Palast mit Basilika, das Odeon, ein rundes Gebäude für Theater- und Musikaufführungen. Es existieren noch Fragmente von Betonkuppeln bis zu knapp 17 Meter Durchmesser. Immer und immer wieder

111

rufen wir uns vor Augen, dass wir über Steine und Mauern steigen, die vor zweitausend Jahren errichtet wurden. Unsere Hand fühlt Reliefreste, die einst ein Steinmetz mit einfachem Handwerkszeug in die Wände schlug. Wir hören das Jammern der Sklaven, die Peitschen von Folterknechten, die Musik der Troubadure und das Kichern der Mädchen und ihrer Liebhaber in den Thermen. Sehr gut erhalten ist ein viereckiges, von Statuen umrahmtes Wasserbecken, darunter Amazonen und die Aphrodite von Knidos. Rundbögen zeigen in ihrem Mauerwerk die gleiche Technik, in der noch heute gearbeitet wird. Sie erinnern mich an unseren Sohn Christian, als er mir während seiner Maurerlehre abends aufmalte, wie er seinen ersten Rundbogen angelegt hatte. Roter Mohn wiegt sich zwischen den Ruinen. Wilder Rukola sprießt. Eidechsen sonnen sich an diesem warmen April-Tag. Was für ein Glück wir mit dem Wetter haben.

Nach Hadrians Tod wird die Villa nicht mehr häufig benutzt. Nachfolger entfernen Kunstschätze und kostbaren Marmor und lassen sie nach Byzanz bringen. Jahrhunderte lang dient die Villa als Steinbruch für Tivoli und andere Orte. Zweimal, 600 und 800 n. Chr. wird die Villenanlage zerstört. Erste schriftliche Erwähnung findet sie um 1450. Erst am Beginn zum

16. Jahrhundert beginnen unter Papst Alexander VI. erste Grabungen. Man entdeckt Hunderte von Skulpturen, Mosaiken und Reliefs. Es wird aber weiterhin weggetragen und geplündert, was schön ist und wertvoll scheint. Viele Kunstwerke der Hadriansvilla schmücken die Villa des Kardinals d'Este, die Mitte des 16. Jahrhunderts erbaut wird. Einige werden in verschiedenen europäischen Museen ausgestellt. So befindet sich das Kentauren-Mosaik seit 1848 im Alten Museum Berlin. 1871 geht die Hadriansvilla in den Besitz der italienischen Regierung über. Seit 1999 ist sie UNESCO-Weltkulturerbe. Die Ausgrabungen werden mit dem Ziel der Erhaltung des Freigelegten fortgesetzt. Wir fahren mit dem Bus weiter den Berg hinauf.

Villa Este

Während die Hadriansvilla vier Kilometer von Tivoli entfernt auf einer Ebene im Tal der Tiburtiner Berge liegt, erhebt sich die Villa Este am Berghang. Sie gilt als eine der schönsten barocken Gartenanlagen Europas. Kardinal Ippolito II. Este (1509 bis 1572), Sohn der Lucrezia Borgia und Enkel Alexanders VI., wurde 1550 Statthalter von Tivoli. Als Palast wählte er ein ehemaliges Benediktinerkloster und entwickelte sofort die Idee, einen am Hang hinabwallenden Garten anlegen zu lassen. Aber erst 1560 fand er in dem Maler, Architekten, Archäologen und

bedeutenden Gartenarchitekten des Manierismus Pirro Ligorio aus Neapel den Meister, der
seine Visionen umsetzte und zu Papier brachte.
Der Hofarchitekt Alberte Galvani setzte die
Ideen in die Realität um.

Das ganze Tal wurde radikal umgestaltet. Um
die Ausrichtung in eine Längsachse zu ermög-
lichen, wurden einige Gebäude entfernt. Auch
die Räume des Palastes wurden von den besten
Künstlern des römischen Manierismus reich
ausgeschmückt, unter anderen von Livio
Agresti aus Forli, Federico Zuccari, Durante
Alberti, Girolamo Muziano ,Cesare Nebbia
und Antonio Tempesta. Der Kardinal starb
1572, kurz vor der Vollendung der Anlage. Erst
33 Jahre später gab sein Nachfolger Kardinal
Alessandro d'Este weitere Arbeiten in Auftrag.
Auch Gian Lorenzo Bernini wurde dazugeholt.

Im 18. Jahrhundert, nun im Besitz des Hauses
Habsburg, verfiel die Anlage, weil nichts für
deren Erhalt getan wurde. Der Garten verkam,
die Brunnen gingen zu Bruch, die Sammlung
antiker Statuen wurde in alle Welt verhökert.
Erst Mitte des 19. Jahrhunderts veranlasste
Gustav-Adolf Prinz zu Hohenlohe-Schillings-
fürst, ein deutscher Kurienkardinal, eine Reihe
von Arbeiten, um den endgültigen Verfall zu
stoppen. Zwischen 1867 und 1882 gastierte

115

häufig der Komponist Franz Liszt in der Villa. Beim Komponieren ließ er sich angeblich von den Wasserspielen der Villa Este inspirieren.

Mit Ausbruch des Ersten Weltkriegs ging die Villa in den Besitz des italienischen Staates über. Sie wurde umfangreich renoviert, erlitt jedoch im Zweiten Weltkrieg 1944 Bombenschäden, die eine erneute Renovierung nötig machten. Seit dem gehen Reparatur- und Instandhaltungsarbeiten fast ununterbrochen weiter.

Von der Terrasse blicken wir hinüber zu Rom. Am Horizont ist die Kuppel des Petersdoms auszumachen. Wir beschränken uns bei der Besichtigung auf den Bergpark, der sich mit Schlingrosen, Efeu, Zypressen, Farnen, Steineichen und mächtigen Platanen unterhalb des Palastes ausbreitet. Eine Abfolge von Rampen, Treppen und Terrassen zieht uns hinunter wie in ein geheimnisvolles grünes, feuchtes Labyrinth aus Pflanzennischen und Brunnen. Überhaupt das Wasser: Es kommt vom Fluss Aniene und rauscht und plätschert von oben nach unten, speist 500 Brunnen, Wasserfälle, eine Wasserorgel und eine gigantische Fontäne. Es quillt aus Röhren, Nischen, Grotten. Es rieselt, sprüht und tropft. Fotografen belagern eine vielbusige Fruchtbarkeitsgöttin. Quer zum

Hang verläuft eine lineare Brunnenanlage – die Allee der hundert Brunnen – bei der das Wasser aus in Stein gehauenen Köpfen rinnt: Tiere, Menschengesichter, Fratzen, von Moos überzogen. Schaurig und geheimnisvoll. Alle mit einem Ausdruck tiefer Einsamkeit. Alle mit einem Blick, der den Besucher scheinbar ununterbrochen beobachtet. Weiter unten sammeln mehrere Fisch-  teiche das Wasser und führen es weiter in den imposanten Neptunbrunnen mit Wasserorgel. Etliche, vermutlich mehrere hundert Jahre alte Steineichen, stützen ihre ausladenden Arme auf Holzkrücken. Im Sommer finden hier Konzerte statt. Das unaufhörliche Plätschern animiert. Wieder oben angekommen, müssen alle schnell auf die Toilette.

Zu Fuß gehen wir in den Ort hinunter zum Restaurant „Thermen der Diana", eine einzigartige Anlage; denn sie befindet sich auf engem Raum unter einer Kathedrale. Nur durch Zufall entdeckte man den Gewölbekeller und die Räume darunter. So grub man

nach und nach fünf Säle aus, die nahezu untereinander liegen und heute mit Treppen und Stiegen bis ganz unten zum Weinkeller verbunden sind.

Bis zu 250 Personen passen hinein, aber eben nicht nebeneinander, sondern übereinander. Die Wirtin spricht ausgezeichnet Deutsch.

Tag 7 (Freitag)
Rom und seine Traditionen

„Es gibt Blütezeiten und Niedergänge", schrieb Eva ins Programm, „nicht alle Werte können erhalten werden. Die Zeit rafft vieles dahin. Doch einige wehren sich gegen die ra-

sende Entwicklung des Hightech-Zeitalters."
Und so besuchen wir an unserem letzten offi-
ziellen Tag zwei besondere Handwerker im
Historischen Zentrum von Rom. Dazu fahren
wir mit der Metro ab Haltestelle Colosseo zur
Piazza Navona und gehen die wenigen Schritte
in die Via dell Orso.

Fundsache

Evas ständige Ermahnungen, insbesondere in
den öffentlichen Verkehrsmitteln auf die
Wertsachen besonders zu achten, hat Bernhard
so irritiert, dass er auf der Treppe zur Metrostation sein Mäppchen mit den Kreditkarten
aus der Hemdentasche in seiner Gürteltasche
umquartieren will. Das macht er offensichtlich
so schusselig, dass er das Mäppchen neben die
Tasche steckt. Der Verlust wäre eine mittlere
Katastrophe gewesen. Glück im Unglück, Eva-
Maria klopft ihm auf die Schulter und fragt:
„Hast du das gerade verloren?" So blass, wie er
da wurde, habe ich ihn lange nicht gesehen.
Und dann ausgerechnet Eva-Maria, mit der er
sich häufig gekabbelt hat. Auf jeden Fall haben
wir ihr ein Exemplar dieses Buches verspro-
chen.

Vincenzo Poviano

Er ist der vorletzte offizielle Holzschnitzer und Holzbildhauer von Rom. Speziell durch die EU-Krise haben viele Werkstätten dichtgemacht. Die öffentliche Hand ist pleite.
Die früheren Kunden aus Botschaften und Banken sparen an allen Ecken und Enden. Der gesamte italienische Antiquitätenmarkt sei kaputt gegangen, hören wir. Die Leute kaufen in

New York und London. Aber noch schlimmer: Es gibt niemanden mehr, dem dieses Handwerk weitergegeben werden kann. Und bald gibt es keine Handwerker mehr, die diese Kunst beherrschen und lehren können.

Poviano selbst ist mit zwölf Jahren in die Lehre zum Bildhauer Stefano Camilucci gegangen, damals ein bekannter Schnitzer. Später lernte er an einer Schule für Dekorationskunst weiter und eröffnete im Alter von 23 Jahren seine eigene Werkstatt. Erst ganz klein, dann im größeren Stil in der Via Chiavasso, nahe der Piazza del Popolo. Heute hat er sich in seine überschaubare Werkstatt zurückgezogen. Er renoviert antike Bilderrahmen, Mosaike, Vasen mit angeschlagenen Henkeln, Statuen, Skulpturen, Säulen, Schalen. Dabei handelt es sich zum Teil um diffizile Kleinarbeit, aber auch um Kunst, die die Spanne zwischen Ursprung und dem Heute wiederherstellt. Die lange, lange Ausbildungszeit – wenigstens zehn Jahre - nimmt heute niemand mehr auf sich.

Poviano arbeitet überwiegend für Privatleute, aber auch für Museen, Botschaften, Ämter, Unternehmen, Banken. Sein Vorteil: Er kann nicht nur mit Holz, sondern auch mit Marmor und Elfenbein umgehen. Seine Tochter hat sich auf Vergoldungen spezialisiert. Poviano zeigt uns Mosaiken, die sie gerade restauriert. Auch eine vom Holzwurm zerfressene Madonna steht fast schüchtern auf einem Podest, als wüsste sie, dass an ihr nicht mehr viel zu machen ist, so stark sind die Fressschäden. Poviano streichelt sie mit einem mitleidvollen Blick. Nein, die sei nicht mehr zu reparieren. Und dann schimpft er noch ein bisschen auf die Regierung. Vor allem die Gewerbesteuer sei so hoch geworden, seit sie nach Quadratmetern bemessen werde. Ach ja.

Auf dem Weg zur Puppenklinik passieren wir an der Piazza Augusto Imperatore das von Efeu und Unkraut überwucherte, verwahrloste Mausoleum des 1. Kaisers von Rom. Es wäre uns gar nicht aufgefallen, hätte uns Eva nicht darauf aufmerksam gemacht. Der 87 Meter breite und 40 Meter hohe Bau, der einst von einer bronzenen Kolossalstaue des Kaisers bekrönt und von einer weitläufigen Gartenanlage umgeben war, diente zeitweise als Festung und als Theater. In den Stadtplänen ist es bedeutender dargestellt, als es sich vor Ort gibt.

Vis a vis sticht hingegen ein moderner Glasbau des amerikanischen Architekten Richard Meyer ins Auge; als „Ara Pacis Augustae" taucht er im Stadtplan und Reiseführern auf. Es ist die Außenhaut des Friedensaltars, der 9 n. Chr. zum

Gedenken von Kaiser Augustus geweiht wurde, auch als Dank für die Befriedung der römischen Welt. Natürlich fiel er dem Zahn der Zeit zum Opfer. Aber Mussolini ließ ihn im Format neun mal neun Meter nachmeißeln. Und auch die neuere Version wäre unter der Hitze Roms und den Ausdünstungen des Straßenverkehrs längst zerbröselt; daher entschloss sich die Stadtverwaltung 2006, das erste moderne Gebäude im Historischen Rom als Schutz für den Altar in Auftrag zu geben. Es sollen Flachreliefs von Opferdarbietungen der kaiserlichen Familie zu sehen sein. Doch das steht nicht auf unserem Programm. Wir ahnen den Altar nur durch die Glasscheiben. „RES GESTAE" steht auf einer Tafel, die früher über dem Eingangstor des Mausoleums angebracht war. Soll heißen:„Hier werden die Taten des göttlichen Augustus erzählt, mit denen er den Erdkreis der Herrschaft des römischen Volkes unterworfen hat, und der Ausgaben, die er für den Staat und das römische Volk gemacht hat." Man kann nicht alles sehen in einer Woche.

Puppenklinik Pulcinella

Die Via del Vantaggio liegt in der Nähe der Piazza Alessandro. In einem Ecklädchen zur Via di Ripetta restauriert Federico Squatriti Keramik, Porzellan, Kunststoff und immer wieder

Puppen, was ihm den Namen Puppendoktor einbrachte. Schon von außen sieht man die kleinen Schönheiten dicht gedrängt im Schaufenster sitzen. Wir sind angemeldet. Die Werkstatt ist jedoch so klein und eng, dass wir nur portionsweise kommen dürfen. Die Wartenden vertreiben sich solange die Zeit bei einem Espresso auf der gegenüberliegenden Straßenseite.

Squatriti erzählt, dass seine Großmutter ihren beiden Söhnen in der Nachkriegszeit beigebracht habe, wie man angeschlagenes Porzellan repariert. Während ihr Mann als Künstler mit Legenden wir Gina Lollobrigida und Marcello Mastroianni und sogar in Sergio Leone`s Spaghetti-Western schauspielerte, eröffnete sie 1953 mit ihren

beiden Söhnen dieses Lädchen und war gut im Geschäft, weil man damals noch versuchte, das Ererbte zu bewahren. Sieben Jahre dauerte die Lehre für den kleinen Federico, bis er mitarbeiten konnte.

Der heute 54-jährige erinnert sich, wie in den 70er Jahren Sammler aus ganz Europa zu ihm kamen, um wertvolles Porzellan, auch aus Meißen, hier reparieren zulassen. Heute sind es häufig Sammlerstücke aus den 30er Jahren, keine wertvollen Dinge, eben Erinnerungsstücke. Er könne sie nur deshalb zu erschwinglichen Preisen reparieren, weil er nach wie vor auf engstem Raum arbeitet und weil er fleißig ist. Das Lädchen ist von 7.30 bis 19.30 Uhr geöffnet.

Seine inzwischen 84jährige Mutter Gelsy (Gelsomir) kümmert sich hauptsächlich um die Puppen. Da werden Füßchen und Händchen modelliert, Köpfe neu gegossen oder Schlagschäden ausgebessert, Farben nachgemalt. Viele der Prinzessinnen sitzen hier aber auch schon seit Jahrzehnten mit sehnsuchtsvollem Blick aus dem Fenster. Sie wurden nicht mehr abgeholt.

Der Vatikan

Obwohl Eva nahezu alles getan hat, um uns diesen Besuch auszureden, haben sich ausnahmslos alle entschlossen, den Vatikan zu besuchen. Wenn man schon mal da ist! Nach einer individuellen Mittagspause, wo sich jeder der Nase nach zu einem Snack verführen lässt, treffen wir uns wieder auf der Piazza Navone und fahren zur Piazza Risorgimento. Eva begleitet uns bis zum Nordeingang, dem Viale Vaticano, ein zum Heiligen Jahr 2000 neu errichteten Eingangsbereich, nicht ohne erneute dringende Ermahnungen, unsere Wertgegenstände immer fest spürbar am Körper zu halten. Es seien unheimlich viel Spitzbuben unterwegs, die die Ergriffenheit der Besucher für Raubzüge ausnützen würden. Die meisten würden das erst auf dem Weg zum Bahnhof merken, wenn Geld, Pass und Fahrtkarte weg sind.

Wir vereinbaren, dass wir uns nicht trennen, sondern uns in Passage wie ein Fünf-Gänge-Mittagessen im Darm aneinander hängend durch die Besucher vorgegebenen Wege schleusen lassen. Besser gesagt, als getan. Der Besucherandrang ist stark aber nicht so doll wie von Eva prophezeit. Aber wir müssen uns sehr bemühen, uns im Blickwinkel zu behalten. Es bleibt auch keine Gelegenheit, um still stehen zu bleiben und zu notieren, welches Kunstwerk wir gerade sehen. Sicher, es sind überall Schilder dran, aber von Hinten kommt der Druck zum Weitergehen. Also greifen wir hier hauptsächlich auf Evas Notizen zurück. Sie ist diesen Weg der Menschenschlangen sicher schon sehr oft gegangen.

Schon der Name „Vatikanische Museen" weist
darauf hin, dass es sich um mehrere im Laufe
der Zeit entstandene Sammlungen in unterschiedlichen Teilen des vatikanischen Palastes
handelt. Der große Humanist Papst Nikolaus
V. begann um 1450 mit dem Bau der heutigen
Anlage des Papstpalastes. Die nachfolgenden
Päpste bauten weiter. So wuchs die Anlage
Jahrzehnt um Jahrzehnt um Jahrhundert. Als
eigentlicher Begründer der Vatikanischen
Sammlungen gilt Papst Julius II., der bereits

über eine private Antikensammlung verfügte, die nur für ausgewählte Besucher zugänglich war.

Der gesamte Papstpalast umfasst heute einen Gebäudekomplex mit etwa 1.400 Räumen, über zwanzig Höfen und 55.000 Quadratmeter Grundfläche. Nur ein kleiner Komplex wird vom Papst und dessen Hofstaat benutzt. Der Großteil ist für Besucher geöffnet. Unser Weg führt durch lange Säle und Galerien mit Hunderten von Marmorstatuen und Büsten, Gemälden, Bildteppichen, Mosaiken und Bronzen.

Die Highlights

Apollo von Belvedere (Seite 130); die Statue gilt als die schönste Einzelfigur der Antike, über die Goethe erschüttert schrieb: Warum zeigst du dich uns in deiner Nacktheit, dass wir uns der unsrigen schämen müssen?" Es gibt darüber viele bewundernde Beschreibungen zu lesen, die wir hier gar nicht alle aufzählen können. Auch die Damen können sich nicht sattsehen.

Die Laokoon-Gruppe (Seite 132); der Todeskampf des Priesters Laokoons und seiner Söhne. Das Original sei vermutlich um 200 v. Chr. entstanden und diese Marmorkopie aus römischer Zeit wurde am 14. Januar 1506 in einem Weinberg gefunden, nahe den Ruinen des goldenen Hauses Neros.

Die Stanzen Raffael, mit denen sich Raffael ein eigenes Denkmal setzte, sind vier besonders kunstvoll von ihm ausgemalte Räume, die von Julius II. ab 1508 als private Gemächer in Auftrag gegeben wurden. (italienisch stanza = Zimmer).

Sala di Constatino

Es handelt sich um kunstvoll ausgemalte Räume mit christlichen und weltlichen Episoden aus dem Leben von Kaiser Konstantin (306 bis 337 n.Chr.), den Sieg über das Heidentum, der Triumph der christlichen Religion, die Erscheinung des Kreuzes, die Schlacht an der Milvischen Brücke, die Taufe Konstantins und die legendäre Schenkung Roms. Figuren großer Päpste, flankiert von den allegorischen Figuren der Tugenden, vervollständigen die Dekoration des Raumes.

Die Stanza die Eliodoro (Saal des Heliodors) beschreibt in vier Szenen die Vertreibung, gemeint ist die Befreiung Italiens von den französischen Besatzern. Eine Episode zeigt, wie das Blut Christi aus einer Hostie tropft. Das Wunder begründete das Fronleichnamsfest. Die Befreiung von Petrus zeigt den Apostelfürsten und ersten Papst, der durch ein Wunder von einem Engel aus dem Kerker gerettet

wird, während seine Bewacher schlafen. Ein weiteres Bild zeigt die Begegnung Leos des Großen mit dem Hunnenkönig Attila, der nach einer Erscheinung des Heiligen Petrus und Paulus seinen Plan, Rom zu erobern, aufgab.

Man könnte ein eigenes Buch allein über diese Räume schreiben und über die Erinnerungen an den eigenen Religions- und Geschichtsunterricht; denn irgendwie lagern nahezu alle diese Bilder in unseren schulkindlichen Kellern.

Die Stanza della Segnatura zeigt Raffaels berühmteste Fresken. Meisterwerke: die Schule von Athen, das Höchste Gericht des Heiligen Stuhls, die Heilige Dreifaltigkeit, dazu Patriarchen, Propheten, Apostel und Märtyrer des alten Testaments, die vier lateinischen Kirchenväter: Heiliger Gregor der Große, Hieronymus, Ambrosius und Augustinus. Dieser Saal bekräftigt die Aussage mancher Reiseführer, man bräuchte wenigstens zwei Tage Zeit, um diese Räume mit Inbrunst in sich aufnehmen zu können. In einem weiteren Gemälde sind die berühmten Philosophen der Antike dargestellt: Platon, Diogenes, Heraklith, Euklid, Ptolomäus. Raffael hat sich mit einer schwarzen Mütze dazugemalt. Weitere Abbildungen zeigen Aristoteles, Sokrates, Xenophon, Pythagoras.

Im Zimmer „Stanza dell' Incendio di Borgo" wird der Brand von Borgo, der Sieg Leos IV. über die Sarazenen in der Seeschlacht von Ostia im Jahr 849, die Krönung Karls des Großen und die Rechtfertigung Leos III. dargestellt. Das alles eine Verherrlichung der päpstlichen Soldaten gegen die Ungläubigkeit.

Sixtinische Kapelle

Der Name bezieht sich auf Papst Sixtus IV. Francesco della Rovere, der die Kapelle in den

Jahren 1477 bis 1480 bauen ließ. Die Fresken an den Wände zeigen Geschichten aus dem Leben Moses, aus dem Leben Christi und Portraits der Päpste. Die Pracht der Gemälde, die zwischen 1979 und 1999 vollständig restauriert wurden, erschlägt ob ihrer Farbigkeit und Fülle. Michelangelo satt! Man ist versucht, sich mit seinem Nebenan auszutauschen, doch jedes Gespräch wird von einer fordernden Stimme unterbunden: „Silenzio" ertönt es immer und immer wieder.

Wir sind gefordert, diese überwältigenden Eindrücke in Stille zu ertragen. Eng gedrängt stehen die Besucher nebeneinander und richten die Blicke nach oben, nach den Seiten. Es ist wie eine Strafe, sich nicht mitteilen zu dürfen. Die Wucht der Bilder raubt den Atem. Auch wer sich still auf den Boden setzen will, wird unverzüglich hochgescheucht, weil das wie eine Missachtung gewertet wird. Erst hinterher erfahren wir, dass ein gewisser Maler Volterra im 16. Jahrhundert all den nackten Michelangelos Höschen anmalen musste.

Besonders zu erwähnen ist der Freskenzyklus der Decke über die Schöpfungsgeschichte. Überwältigend. Das ist also die Kapelle in der zur Papstwahl das Konklave abgehalten wird.

Petersdom

Über die Scala Regia steigen wir hinab zum Petersdom. Den Vorgängerbau, auch Alt-St. Peter genannt, ließ Konstantin der Große um 324 als Grabeskirche über dem vermuteten Grab des Apostel Simon Petrus errichten, dem sie geweiht ist. Papst Julius II., der den Kirchenhügel für sein Grabmal wegen allgegenwärtiger Mückenplage für nicht angemessen hielt, erteilte am 18. April 1506 den Auftrag, den Grundstein für eine ganz neue Peterskirche zu legen. Finanziert wurden die Arbeiten durch den sogenannten Peterspfennig und den Verkauf von Ablässen. Wie wir wissen, war dies einer der Aspekte zur Forderung nach Reformation.

Von 1515 bis 1546 ging der Bau nur schleppend voran. Man konnte sich nicht auf den Grundriss einigen: griechisches oder lateinisches Kreuz? 1547 übernahm Michelangelo die Bauleitung und entwarf die Rippenkuppel inmitten des Zentralbaus. Die doppelschalige Kuppel gilt als größtes freitragendes Ziegelbauwerk der Welt. Ihr Durchmesser von 42,34 Metern misst also 86 cm weniger als das Pantheon, die Höhe überragt es mit 43,20 Metern aber deutlich. Sie wird von vier fünfeckigen Pfeilern mit einer größten Diagonale von je 24

Metern getragen. Die Laterne über der Kuppel erreicht man über 510 Stufen, die sich mit einem Lift zur Dachterrasse auf 320 Stufen abgekürzen lassen. Von dort bietet sich ein unvergleichlicher Panoramablick auf den vatikanischen Hügel, den Petersplatz und das umgebende Rom, schrieb Eva. Wenn wir das vorher gelesen hätten, wären wir natürlich hochgeklettert.

Bitte erwartet nicht, dass wir nun alle Kunstwerke des Petersdoms beschreiben. Viele Kunsthistoriker haben sich darüber mit allen Feinheiten und Fachausdrücken die Finger wund geschriebne. Das dürfen wir nicht durch unsere laienhafte Betrachtungsweise und Empfindsamkeit verhunzen. Nur so viel: Auch die uns schon bekannten Baumeister Gian Lorenzo Bernini und Francesco Borromini mussten notgedrungen wieder einmal zusammenarbeiten. Sie errichteten einen Baldachin aus Bronze mit aufgesetztem Kreuz auf vier 29 Meter hohen gewundenen Säulen direkt über dem Grab von Petrus (Seite 136). Die Legende besagt, dass das Material aus der Bronze-Kassettendecke des Pantheons stamme.

Der Petersdom fasst 20.000 Menschen und gehört mit einer überbauten Fläche von 15.160 Quadratmetern zu den größten Kirchengebäude der Welt. Die nicht wenigen Besucher an diesem Nachmittag verteilen sich in der fünfschiffigen Basilika so gut, dass man sie für kleiner hält, als sie ist. Fast wehmütig nehmen wir zur Kenntnis, dass die meisten der Besucher diese Heiligen Hallen wie eine gewöhnliche Sehenswürdigkeit konsumieren, da ein Selfie mit einem Heiligen, hier ein Selfie mit einem Gemälde. Es ist uns klar, dass wir mit unserem eher touristischen Equipment nicht in der Lage sind, die Pracht und den Geist des Eindrucks auch nur annähernd abbilden zu können.

Petersplatz

Wir treffen alle zur gleichen Zeit wieder zusammen. Der von Bernini geplante 240 Meter breite, ovale Petersplatz geht an der Seite zur Kirche in ein Trapez über. Dies lässt die überbreite Fassade des Doms schmaler wirken und betont die Kuppel, schreibt Eva. Und sie hat Recht. In der Mitte des Platzes steht ein Obelisk, der aus dem Circus des Caligula und Nero stammt, in dem Petrus der Überlieferung zu Folge hingerichtet wurde. Im Fuße des Obelisken soll sich die Asche von Caesar, in seiner Spitze ein Teil des Kreuzes Christi befinden. Der Obelisk, natürlich auch aus Ägypten entführt, soll annähernd 322 Tonnen wiegen, eine Meisterleistung, als er 1586 aufgerichtet wurde. Er steht auf einem Fundament von vier Bronzelöwen. Auf beiden Seiten befinden sich je ein 14 Meter hoher Brunnen aus dem 17. Jahrhundert.

Den Platz umsäumen 17 Meter breite Kolonaden und symmetrisch. Die 284 in 71 Viererreihen angeordneten Säulen tragen 140 Statuen von Heiligen. Den ganzen Platz füllen schier unendlich viele Stuhlreihen in freilich jetzt abgesperrten Bereichen, so dass wir uns auf einem schmalen Gang außen herumschlängeln müssen. Spätestens am Sonntag drängeln sich hier Menschen aus aller Welt.

Frauen im Vatikan

Als Barbara Jatta im Januar 2017 Direktorin der Vatikanischen Museen wurde, kam eher beiläufig heraus, dass Frauen im Vatikan zahlenmäßig eine nicht so unbedeutende Rollen spielen. Bereits in den dreißiger Jahren erregte Hermine Speier mit ihrer Anstellung Aufsehen. Die von den Nazis verfolgte Jüdin, 1898 in Frankfurt geboren, war als päpstliche Fotothekarin eine der ersten weiblichen Angestellten im Vatikan. Heute beschäftigt der Heilige Stuhl und die Verwaltung des Vatikanstaats etwa 20 Prozent weibliche Mitarbeiter. Zu diesen 750 Damen kommen noch die Haushälterinnen, die nicht beim Vatikan angestellt sind.

Die bemerkenswerte Öffnung für Frauen im Vatikan begann erst Anfang der siebziger Jahre mit dem Zweiten Konzil. Da arbeiteten schon so viele Frauen im Vatikan, dass eine Mutterschaftsregelung eingeführt werden musste. Heute gibt es sogar einen vatikanischen Frauenclub, den „Donna in Vaticano" mit 70 Mitgliedern. Papst Franziskus steht voll dahinter. Immer wieder predigt er: „Es kann keine Kirche ohne Frauen geben". Und obwohl überall im Vatikan gespart wird, hob er die Kinderprämie für jedes Baby einer Mitarbeiterin von 1.050 auf 2.100 Euro an.

Unser Abschiedsessen

Eva holt uns im Hotel ab. Mit der Metro geht es in den Stadtteil Salario, nördlich des Hauptbahnhofs. In ihrer geräumigen Wohnung im Norden Roms, begrüßen uns die Gastgeber Dorothee (Goethe-Haus) und ihr Mann Steffano. Wie wir das von unseren früheren eigenen Einladungen kennen, haben auch sie alle verfügbaren Tische. Stühle und Bänke zur langen Tafel zusammengeschoben. Eine sehr familiäre Atmosphäre. Sogar ein Hund wuselt unter dem Tisch herum. Wir fühlen uns willkommen.

Als Aperitif gibt es Spumante, dann Weißwein und Rotwein aus Krügen und Karaffen. In drei Körben stehen gebackene Teigkringel zum Knabbern. Aus Apulien, hören wir. Später besorge ich mir das Rezept dieser "Taralli" aus dem Internet und backe sie seit dem zuhause mit Leidenschaft nach. Das Besondere der Zubereitung: Sie werden erst in heißem Wasser gekocht und dann nochmals gebacken. Rezept im Anhang.

Es gibt Lasagne mit Fleisch und eine mit Gemüse für die Vegetarier. Dann Bacalao (Stockfisch) mit Kartoffeln und Tomaten, zum Dessert wieder eine Art Linzertorte, danach noch weißen und braunen Grappa sowie Kaffee. Gabi hält eine Laudatio auf Eva. Wir aplaudieren. Gerhard, das Nordlicht, hängt sich dran. In einem beeindruckenden, wissensreichen und amüsanten Rückblick auf die vergangene Woche lässt er die Höhepunkte noch einmal Revue passieren. Auch als er aus seinem Leben als Reederei-Direktor erzählt, taut er richtig auf. Anfangs machte er – vor allem weil er uns gleich zum ersten Spaziergang durch den Stadtteil Monti verpasste – einen eher zurückhaltenden Eindruck. Ich bedauere, dass ich mich nicht eher mit ihm beschäftigt habe. Im Nachhinein erscheint er mir als einer der interessantesten Reisegefährten.

Dass wir hier relativ wenig über unsere Reisegefährten schreiben, liegt einerseits an der sehr kurzen Reise mit einem dichten Programm auf sehr engem Stadtgebiet. Unser Patagonien-Buch hingegen, auf dessen Reise immer wieder Hunderte und Tausende von Kilometern mit dem Bus und Flugzeug überbrückt werden mussten und wir doppelt so lange unterwegs waren, ergaben sich viele persönliche Gespräche und Eindrücke, die letzthin auch in unseren Reisebeschreibungen so starken Niederschlag fanden, dass wir sämtliche Namen verfremdeten.

Der letzte Tag (Samstag)

Nachdem wir erst um 15 Uhr zum Transfer zum Flughafen abgeholt werden sollen, gönnen wir zwei uns noch einen Ausflug in eine Gegend, in der wir noch nicht waren. Unsere Wochenkarte ist auch noch gültig. So marschieren wir – wie schon gewohnt – zur Metro-Haltestelle Colosseo und fahren von dort zur Halte Circus Massimo. In der Metro belästigt uns eine bettelnde Frau mit Kind auf dem Arm, das sehr nach Puppe aussieht. Wir halten wieder alles zu, was für andere begehrenswert wäre.

Nun geht es per Fuß bergaufwärts weiter auf den Aventin-Hügel, der südlichste von Roms sieben Hügeln. Auf dem Weg zur Kirche Santa Sabina (Geheimtipp von Eva) besuchen wir noch einen wunderbaren Rosengarten, dessen meiste Blüten tatsächlich schon offen sind. Er existiert seit der Nachkriegszeit und ist in der Form einer Menorah (achtarmiger Leuchter) angelegt. Das ist nicht zu verwundern, denn hier lag von 1645 bis 1935 ein jüdischer Friedhof.

Santa Sabina

Auf der Hügelspitze thront die Basilika Santa Sabina all'Aventin. Sie entstand zwischen 422 und 432 unter der Order von Papst Coelestin I. (422 bis 432) und gehört zusammen mit

Santa Maria Maggiore (siehe Seite 58) zu den ältesten und wichtigsten christlichen Basiliken von Rom. Der Legende nach stand hier das Haus der um 125 getöteten Märtyrerin Sabina, damals schon eine vornehme Wohngegend. Reste alter Villen sind in die südliche Seitenschiffwand der Kirche einbezogen.

Santa Sabina gehörte zu den frühesten Sakralbauten, in denen über den Säulen Rundbögen das bis dahin traditionelle waagerechte Gebälk verdrängt und damit ein entscheidendes neues Stilmittel in die Architekturgeschichte eingeführt haben.

Die Gliederung des Kirchenraums durch sogenannte Joche, gilt als Übergang zur Gotik.

Auch wenn dies eine bevorzugte Hochzeitskirche ist, hinterlässt der Innenraum einen Eindruck mit viel Grau und Dunkelheit. Beeindruckend sind die geschnitzten Türflügel des Mittelportals mit Szenen aus dem Alten und Neuen Testament, darunter eine der ersten Kreuzigungsdarstellungen der christlichen Kunst. Die Mosaiken im Innenraum stammen

noch aus dem 5. Jahrhundert. Eine sogenannte Rosenkranz-Madonna erinnert an die Erscheinung des Ordensgründers Dominikus, der von Maria einen Rosenkranz erhalten haben will.

Das Schönste des Ensembles ist wohl der angrenzende Park Savello und der Ausblick über den Tiber nach Trastevere, auf die Tiberinsel und zum Hügel Gianicolo, der sich von Trastevere bis zur Vatikanstadt erstreckt. Freilich sieht man auch den Petersdom, was, wie wir bemerken, als bevorzugter Hintergrund für Hochzeitspaare eingeplant wird. Steile Sträßchen winden sich, vorbei an alten Villen und verrammelten Parks, den Hügel hinunter. Wir sind so abgelenkt, dass wir den richtigen Abzweig zur Metrostation verpassen und dann durchlaufen müssen bis zur Haltestelle Pyramide.

Die kleine Pyramide im Schatten der Aurelianischen Stadtmauer ist ein Stück Ägyptomanie, wovon die Römer nach der Eroberung des Landes am Nil ergriffen waren. Man denke nur an die vielen geraubten Obelisken und an die Geschichte von Kleopatra, die Caesar nach Rom folgte. Es soll sogar Pharaonengräber-Nachbil-

dungen als römische Grabmäler gegeben haben. Teil der Aurelianischen Stadtmauer ist die imposante Porta San Paolo mit einem Museum über die Ausgrabungen des antiken Ostia und weiterer Häfen des Claudius und Trajan und die Geschichte der Handelsstraße zwischen Ostia und Rom. Nein, wir wollen eigentlich nur noch ein wenig relaxen.

Gleich nebenan liegt wenig spektakulär der Friedhof (Cimitero) Attcattolica, ein Landschaftsfriedhof für Nichtkatholiken. Hier seien, so lesen wir, zahlreiche Künstler, Gelehrte und bewusste Atheisten begraben, so auch Goethes Sohn Julius August und der marxistische Philosoph und Gründer der Kommunistischen Partei Italiens, Antonio Gramsci.

Wir nehmen die Metro nach Caroun und sind enttäuscht. Nichts außer einer Metrostation mit einem kleinen Restaurantchen. Auch unser Reiseführer findet nichts zum Stichwort Caroun. Und auf unserer Stadtkarte ist Caroun schon gar nicht mehr enthalten. Das ist also das Ende unserer Reise. Weil es gerade Mittagszeit ist, genehmigen wir uns ein Carpaccio del tonna, Spaghetti Carbonara und einen Merlot und sind wunderbar zufrieden. Erst jetzt, wo praktisch nichts mehr an Programm kommt, empfinden wir die Fülle der Sehenswürdigkeiten und Eindrücke, der Begeg-

nungen mit der Geschichte und ihrer Persönlich-
keiten als einen großen Schatz, den wir angesam-
melt haben. Wir wissen, dass dieser Schatz gepflegt werden muss, damit er nicht in
Vergessenheit gerät, so dicht waren die Bilder und
Eindrücke. Dieses Büchlein soll uns helfen, das
Flair dieser Stadt zu verinnerlichen. Wir sind sicher, dass wir eines nicht fernen Tages wiederkommen werden. Und sei es nur für ein paar Tage.

Wir kennen nun die Topographie von Rom,
seine guten Möglichkeiten, mit Bus oder Metro
von einem Ort zum anderen zu kommen.
Zwischendurch warfen wir auch einen Blick in
den Termini, dem Hauptbahnhof mit eigener
Metro-Station. Wir wissen, wo die Busse ab-
fahren und wie wir zum Flughafen kommen.

Wir werden am Hotel abgeholt und zum Flughafen gebracht. Der Hotelier verabschiedet
uns, empfiehlt uns ein Wiederkommen und
mir fällt nichts Originelleres ein, als „Arrive-
derci Roma" zu singen.

Lufthansa fliegt mit einer A 321. Peanuts-Allergie
in der 15. Reihe. Die Mitreisenden werden gebe-
ten, in dieser Umgebung keine Erdnüsse während
des Flugs zu verzehren. In der 7. Reihe erschreckt
uns Annemarie mit einem unangekündigten
Schluckauf. Wer war nochmal gleich Annemarie?

Es gibt keine Zeitungen im Flugzeug. Italien hat zwar 100 Fernsehsender, aber keinen in Deutsch oder Englisch, aus dem wir Aktuelles hätten erfahren können. Wir sind 30 Minuten später abgeflogen und sollten trotzdem laut Ankündigung des Flugkapitäns pünktlich in Frankfurt ankommen. Links von mir stöpselt ein russisch sprechender Fluggast ein zigarettenschachtelgroßes Gerät mit seiner Armbanduhr zusammen. Panik. Will der uns in die Luft sprengen? Er wirkt absolut entspannt, während ich die Bombe ticken höre.

Man serviert uns trockenen roten Cuvee in Plastikbechern. Das sogenannte Käsebrötchen ist eine labbrige Laugenstange. Ich hätte sie ja liegen gelassen, aber seit dem Carpaccio sind sechs Stunden vergangen. Bernhard liest seine E-Mails im Querformat.

Die Autoren reisten von 14. bis 23. April 2016 mit ZEIT-Reisen, Hamburg; Veranstalter: One World, Reisen mit Sinnen, Dortmund

Literatur:
„Rom", Caterina Mesina, Dumont, 2015
Aufzeichnungen von Eva Clausen, ZEIT-Reisen
Inseln in Rom, Marco Lodoli, Insel-Verlag, 2013

Päpste aus unserer Zeitreise

Alexander VI. 1492 – 1503, berüchtigter Borgia-Papst, Machtgier und Korruption schmälerten das Ansehen des Papsttums, Vorbote der Reformation. Seite 60

Benedikt XVI. 2005 – 2013 (Josef Alois Ratzinger), erster deutscher Papst seit Hadrian VI. 1523. Seite 28

Celestin I. 422 – 432, schickte Missionare nach Nordeuropa und Afrika, Das Mittelportal aus Zedernholz in der Kirche Santa Sabina stammt aus seinem Todesjahr. Seite 143

Clemens I. 92 – 99, Verfasser des ersten Clemensbriefes, der in 65 Kapiteln die Situation der römischen Gemeinde beschreibt. Seite 64

Franziskus, seit 2013, erster Lateinamerikaner, Jesuit. Seiten 28, 89, 140

Gregor XIII. 1572 – 1585, führte den Gregorianischen Kalender ein. Seite 17

Innozenz X. 1644 – 1655, verweigerte seine Unterschrift zum Westfälischen Frieden, weil er Protestanten bevorzugte. Seiten 47, 53

Innozenz XI. 1676 – 1689, gilt als einer der vorbildlichsten Päpste, weil er sich dem Luxus verweigerte. Seite 45

Johannes Paul II. 1978 – 2005, erster Pole auf dem Papstthron. Seite 28, 79

Julius II. 1503 – 1513, gründete die päpstliche Wache Schweizergarde. Seite 22, 128, 135

Leo XIII. 1878 – 1903, Enzyklika „Libertas" Seite 79

Liberius 352 – 366, davon sechs Jahre in der Verbannung; der erste nicht heiliggesprochene legitime Papst. Seite 58

Nikolaus V. 1447 – 1455, Erfinder des apostolischen Segens an Sonn- und Feiertagen auf dem Petersplatz. Seite 128

Paschalis I. 817 – 824, Förderer der Missionierung Nordeuropas. Seite 57

Paul III. 1534 – 1549, zeugte vor der Priesterweihe mit päpstlicher Genehmigung drei Kinder, um seine Familie Farnese vor dem Aussterben zu bewahren. Seite 45, 77, 102

Pius IX. 1846 – 1878, Dogma der Unbefleckten Empfängnis Mariens, erstes Vatikanisches Konzil, Päpstliche Unfehlbarkeit. Im Jahr 2000 von Johannes Paul II. seliggesprochen. Seite 27

Sixtus III. 432 – 440, Erbauer wichtiger Kirchen Roms, entsandte St. Patrick nach Irland Seite 59

Sixtus IV. 1471 – 1484, Verfechter der Unbefleckten Empfängnis Mariens, nach ihm ist die Sixtinische Kapelle benannt, die er 1483 einweihte Seite 133

Sixtus V. 1585 – 1590, begrenzte die Zahl der Kardinale auf 70, was erst Johannes XXIII im Jahr 1958 abänderte. Seiten 21, 43

Urban VIII. 1623 – 1644, weihte den Petersdom ein und gab das Kolosseum als Steinbruch frei. Seite 84

Rezept für 80 Taralli

Der Teig, der vor dem Backen gekocht wird.

500 Gramm Weizenmehl
10 Gramm Salz,
100 Milliliter Weißwein
100 Milliliter lauwarmes Wasser
125 Milliliter Olivenöl

Zum Verfeinern: gemahlener Fenchel, Kümmel, Rosmarin oder fein gehackter Speck, gehackte Oliven oder (selbst entwickelt) gemahlene Röstzwiebeln.

Alle Zutaten zu einem glatten Teig kneten, abgedeckt mindestens 30 Minuten ruhen lassen. Lange dünne Rollen formen, diese in kleine Stücke abteilen und daraus noch dünnere rollen formen, die man um einen oder zwei Finger legt und zum Kringel drückt. Gut ist, dass sie nicht aneinander kleben.

Portionsweise in einen großen breiten Topf heißes Wasser, das nicht mehr kocht, werfen und warten, bis sie hochsteigen. Auf einem Geschirrtuch abtropfen lassen. Dann auf ein mit Backpapier ausgelegtes Backblech legen und bei 190 Grad etwa 20 bis 25 Minuten backen, bis sie goldbraun sind. In einer geschlossenen Dose halten sie ewig, wenn man sie nicht vorher aufknabbert. **Vorsicht: Taralli machen süchtig.**

Weitere Bücher von den Autoren

Norderney – kein Fall von Toter Hose

Wenn die Weihnachtsurlauber abreisen, beginnt für die Gäste eine reizvolle Zeit ohne Fremdbespaßung. Einsam ist es trotzdem nicht, bei rund 5.000 Urlaubern, Reha-Kliniken eingerechnet. In den Restaurants, wo sich auch die Norderneyer treffen, gibt es genug Platz. Vier Fünftel der vier Kilometer langen Insel sind Dünen mit Rad- und Wanderwegen. Mittendrin liegt die „Weiße Düne". Das gemütliche Restaurant mit Bullerofen und Wolldecken in den Freiluft-Strandkörben bietet rustikale Speisen.

Fast luxuriöse Kur- und Badeeinrichtungen versprechen Spaß und Entspannung. Im Conversationshaus am Kurpark gibt es Konzerte, Lesungen, eine Bibliothek, Spiele und ein Internetcafé. Das pompöse Kurtheater im Tudor-Stil dient auch als Kino. Etliche Museen haben geöffnet. Der autofreie Ort selbst lädt ein zum Flanieren.

ISBN: 978-3-7392-4299-6, 7,99 € E-Book 4,99 €

Azoren – wundersame Welt im Atlantik

Der Archipel der neun Vulkan-Inseln ragt aus den Tiefen des Atlantiks. Dieses Paradies begeistert Wanderer und Entdecker mit unzähligen blauen und grünen Kraterseen in bewaldeten Schluchten, heißsprudelnden Quellen und geselligen Thermalbädern.

Die Hauptinsel São Miguel betörte uns mit Teeplantagen, kleinen Häfen, Dörfern und üppigen Hortensien-Girlanden längs der Autostraßen. Wir bestaunten botanische Dinosaurier der Gentlemen Gardens in der Hauptstadt Ponta Delgada und verließen jedes Restaurant mit dem Gefühl von guter, ehrlicher Küche.

Auf der Insel Pico mit seinen Weltkulturerbe-Weingärten, reifen die Reben in Lavakränzen zu besonderem Wein. Wir erklommen den Pico, mit 2.351 Metern der höchste Berg Portugals. In Horta auf der Insel Faial, dem Sehnsuchtshafen der Atlantiksegler, sogen wir am Atem des Mittelalters und der Zeit der ersten Atlantik-Telefonkabel.

ISBN: 978-3-7412-8040-5, 11,99 €, E-Book 4,99 €

Patagonien – ein aufregendes Ende der Welt

Patagonien ist riesig. Von Norden bis Süden eine Distanz wie Paris und Teheran. Das fährt man nicht einfach so ab. Da muss man die Höhepunkte kennen und wie man am besten von A nach B kommt; sonst ist man Jahre unterwegs in unendlicher unbewohnter Pampa, durch Wüsten, über Gebirge und Gletscher. Dieses Buch beschreibt die Reise einer zwölfköpfigen Gruppe, die mit dem deutschen Veranstalter SKR (Mängel beschrieben!!) und deutscher Reiseleiterin vierzehn Tage unterwegs war, mit Flugzeug, Omnibus und Schiff. Sie erlebten Ushuaia, die südlichste Stadt der Welt am Beagle-Kanal, den argentinischen Nationalpark Terra del Fuego (Feuerland), ein Biber-Reservat, El Calafate und den Perito Moreno-Gletscher, Puerto Natales und den chilenischen Nationalpark Torres del Paine mit dem Gray-

Gletscher und seinen grandiosen turmartigen Granitbergen, ein Asado-Festmahl auf einer Estancia, die Hafenstadt Punta Arenas und eine riesige Pinguinkolonie mitten in der Magellanstraße.

Beeindruckend war Buenos Aires als zweitägige Reiseunterbrechung auf der Hinreise mit Stadtführungen zu den wichtigsten Sehenswürdigkeiten. Die Heimreise stückelten wir mit Stippvisiten in der chilenischen Hauptstadt Santiago, dem Weinanbaugebiet Casablanca und Valparaiso, die berühmte Hafenstadt der mit Malereien verzierten Fassaden; alles Sehnsuchtsorte des Dichters Pablo Neruda, von dem wir zwei seiner künstlerischen Anwesen besuchten.

Am Ende dieser Reise begreift man, dass Patagonien nicht einfach eine Region ist, sondern die Summe menschlicher Schicksale von Indianern, Abenteurern, Forschern, Entdeckern, Hazadeuren und Lebenskünstlern auch aus Europa, aus Deutschland

Mit diesen Reisebeschreibungen kann sich jeder seine Tour selbst zusammenstellen und uns einfach hinterher reisen. Vor allem weiß man dann, wo die Tops sind und welche Flops man besser vermeidet.

ISBN 978-3-7431-8152-6, 11,99 €; E-Book 5,49 €